Rudolf Voderholzer (Hg.)

Zur Seelsorge wiederverheirateter Geschiedener

W0088007

Römische Texte und Studien
hrsg. von Gerhard Kardinal Müller
Band 6

Rudolf Voderholzer (Hg.)

Zur Seelsorge wiederverheirateter Geschiedener

Dokumente, Kommentare und Studien der Glaubenskongregation

Mit einer Einleitung
von Joseph Ratzinger / Benedikt XVI.

echter

Titel der Originalausgabe:
Congregazione per la Dottrina della Fede
Sulla Pastorale dei Divorziati Risposati
Documenti e Studi (Collana diretta dalla Congregazione
per la Dottrina della Fede), 17
© Libreria Editrice Vaticana, Città del Vaticano, 1998
ISBN 88-209-2623-7
EAN 978-88-209-2623-6
www.libreriaeditricevaticana.com

Bibliografische Information der Deutschen Nationalbibliothek

Die Deutsche Nationalbibliothek verzeichnet diese Publikation
in der Deutschen Nationalbibliografie; detaillierte bibliografische Daten
sind im Internet über ‹http://dnb.d-nb.de› abrufbar.

2. verbesserte Auflage 2014
© 2014 Echter Verlag GmbH, Würzburg
www.echter-verlag.de
Gestaltung: Hain-Team, Bad Zwischenahn (www.hain-team.de)
Druck und Bindung: Friedrich Pustet, Regensburg
ISBN 978-3-429-03760-4

Inhalt

Geleitwort des Herausgebers

Im Oktober 2013 hat Papst Franziskus zu einer außerordentlichen Bischofssynode eingeladen, die im Oktober 2014 im Vatikan stattfinden wird. Sie steht unter dem Thema: „Die pastoralen Herausforderungen der Familie im Rahmen der Evangelisierung". Es ist das dritte Mal, dass zur außerordentlichen Generalversammlung der Bischofssynode eingeladen wird. 1969 widmete sie sich Fragen zum Verhältnis von Hl. Stuhl und Bischofskonferenzen und 1985 war das 20-jährige Jubiläum des Konzilsabschlusses Thema der Generalversammlung. Mit der Einladung machte Papst Franziskus deutlich, dass die Herausforderungen, vor denen die Ehe- und Familienpastoral weltweit steht, eine vordringliche Aufgabe des kirchlichen Lehramtes darstellen. Die ordentliche Bischofssynode 2015 wird an den Beratungen der außerordentlichen Synode anknüpfen, um das Evangelium der Familie neu zu verkünden.

In der Tat kann man von einer Krise von Ehe und Familie sprechen, insbesondere das christliche Bild dieser Keimzelle von Kirche und Gesellschaft sieht sich seit vielen Jahren dem Unverständnis und der Kritik vieler Menschen ausgesetzt. Das Vorbereitungsdokument zeigt das große Spektrum der Fragen, denen sich die Bischofssynode annehmen muss, auf: „Unter den zahlreichen neuen Situationen, die die Aufmerksamkeit und den pastoralen Einsatz der Kirche erfordern, möge es genügen, an folgende zu erinnern: konfessionsverschiedene oder interreligiöse Ehen; Familien mit nur einem Elternteil; Polygamie; arrangierte Ehen mit dem daraus folgenden Problem der Mitgift, der manchmal als Kaufpreis der Braut verstanden wird; das Kastensystem; die Kultur des nicht verpflichtenden Ehebandes und der angenommenen Instabilität dieses Bandes; Formen des der Kirche feindlich gesinnten Feminismus; Phänomene der Migration und Neuformulierung des Begriffs der Familie; relativistischer Pluralismus im Eheverständnis; Einfluss der Medien auf die Volkskultur im Hinblick auf das Verständnis von Ehe und Familienleben; Dauerhaftigkeit und Treue des Ehebundes entwertende Denkströmungen, die einzelnen Gesetzesvorschlägen zugrunde liegen; Verbreitung des Phänomens der Leihmütter; neue Interpretationen der Menschenrechte. Vor allem aber ist im kirchlichen Bereich die Schwächung oder die Aufgabe des Glaubens an die Sakramentalität der Ehe und an die heilende Kraft der sakramentalen Buße zu nennen" (*Die pastoralen Herausforderungen im Hinblick auf die Familie im Rahmen der Evangelisierung. Vorbereitungsdokument, Vatikanstadt 2013, 2*).

Die Frage nach dem Umgang der Kirche mit wiederverheirateten geschiedenen Gläubigen, die im vorliegenden Band erörtert wird, muss im

Gesamtzusammenhang der Herausforderungen des christlichen Ehe- und Sakramentenverständnisses gesehen werden. Im Hinblick auf den Kommunionempfang wiederverheirateter Geschiedener hat sich das Lehramt der Kirche wiederholt geäußert. Es scheint angebracht, in der gegenwärtigen Diskussion die Beiträge des Bandes *Congregazione per la dottrina della fede, Sulla pastorale dei divorziati risposati. Documenti, commenti e studi* (= *Documenti e studi, 17*) *Città del Vaticano 1998* in Erinnerung zu bringen und damit der Gefahr vorzubeugen, hinter bereits gewonnene Einsichten und Erkenntnisse zurückzufallen. Die drei lehramtlichen Texte, die darauf bezogenen fünf Kommentare und Studien sowie die Einleitung des damaligen Präfekten der Glaubenskongregation und nunmehr emeritierten Papstes Benedikt XVI. werden hiermit erstmals geschlossen in deutscher Sprache vorgelegt.

Grundlagen sind das *Schreiben der Glaubenskongregation an die Bischöfe der katholischen Kirche über den Kommunionempfang von wiederverheirateten geschiedenen Gläubigen* vom 14. September 1994 sowie die Äußerungen von Papst Johannes Paul II. im Apostolischen Schreiben *Familiaris consortio* und in seiner *Ansprache vor der Vollversammlung des Päpstlichen Rates für die Familie* am 24. Januar 1997. Diese lehramtlichen Dokumente werden ausgelegt durch Kommentare und Studien ausgewiesener Experten. Somit hält dieses Buch wesentliche Argumente zu den entscheidenden Überlegungen hinsichtlich der Seelsorge wiederverheirateter geschiedener Gläubiger bereit. Lösungsvorschläge, wie z.B. die Anwendung der Epikie oder die Anerkennung der Gewissensentscheidung des Einzelnen, werden aus kirchenrechtlicher und systematisch-theologischer Sicht auf ihre Anwendbarkeit geprüft. Ebenso wird die Praxis der Alten Kirche beleuchtet.

Ein Blick auf die aktuelle Debatte zeigt, dass die Texte von 1998 weiterhin aktuell sind. Deswegen soll mit dieser Publikation noch einmal an diese gewichtigen Stimmen des kirchlichen Lehramtes und hoher theologischer Autoritäten erinnert werden.

Es ist verständlich, dass die Diskussion bezüglich des Umgangs mit wiederverheirateten geschiedenen Gläubigen oft sehr emotional geführt wird. Schließlich geht es um das „Herz des kirchlichen Lebens". Diese Veröffentlichung will einer Versachlichung der Debatte dienen, weil nur so eine fruchtbare Auseinandersetzung und eine Annäherung an die Wahrheit möglich ist.

Die vorliegenden Texte dokumentieren bzw. schöpfen aus der Lehrverkündigung des damals amtierenden und mittlerweile heiliggesprochenen Papstes Johannes Pauls II., dessen „Theologie des Leibes" und die damit zusammenhängenden ehetheologischen Einsichten noch lange nicht hinreichend rezipiert sind. Die kommende Bischofssynode wird darüber hinaus den zu Unrecht so oft verkannten, epochalen, weil pro-

phetischen Beitrag des großen Konzilspapstes Pauls VI., dessen Selig-
sprechung bevorsteht, neu würdigen und für die aktuelle Lehrverkündigung fruchtbar machen.

„Wenn ihr mich liebt, werdet ihr meine Gebote halten. Und ich werde
den Vater bitten und er wird euch einen anderen Beistand geben, der für
immer bei euch bleiben soll. Es ist der Geist der Wahrheit" (Joh 14, 15–
17a). Im Vertrauen auf die Zusage Jesu, dass sein Heiliger Geist die Kirche in den entscheidenden Fragen des Glaubens und der christlichen Le-
bensgestaltung nicht irren lässt und tiefer in die Wahrheit einführt
(vgl. Joh 16, 13), wollen wir uns den Fragen und Problemen unserer Zeit
stellen, damit wir auch heute seine Gebote halten und ihn lieben können, denn das ist unsere große Berufung als getaufte Christen: Christus
lieben und seine Gebote halten.

Regensburg, am 24. Juni 2014,
dem Hochfest der Geburt des hl. Johannes des Täufers
+ Rudolf Voderholzer
Bischof von Regensburg

Vorwort

Der vorliegende Band, gedacht als *Hilfsmittel für die Hirten,* geht auf einen ausdrücklichen Wunsch von Papst Johannes Paul II. zurück. Er soll den Bischöfen und Priestern in der schwierigen Frage der pastoralen Begleitung von Gläubigen, die nach zivilrechtlicher Scheidung wieder geheiratet haben, als Hilfe dienen.

Der Band enthält wichtige Äußerungen des Lehramtes aus letzter Zeit: 1. Das *Schreiben an die Bischöfe der katholischen Kirche über den Kommunionempfang von wiederverheirateten geschiedenen Gläubigen,* das von der Kongregation für die Glaubenslehre am 14. September 1994 mit Approbation und auf Anordnung des Papstes veröffentlicht wurde (vgl. *Acta Apostolicae Sedis* 86 [1994] 974–979); 2. die Nummer 84 des Apostolischen Schreibens *Familiaris consortio* von Johannes Paul II., das das Ergebnis der Bischofssynode des Jahres 1980 enthält und am 22. November 1981 veröffentlicht wurde (vgl. *Acta Apostolicae Sedis* 74 [1982] 184–186); 3. die Ansprache, die, datiert auf den 24. Januar 1997, Johannes Paul II. an die Teilnehmer der 13. Vollversammlung des Päpstlichen Rates für die Familie gerichtet hat (vgl. *L'Osservatore Romano* vom 25. Januar 1997).

Diesen Texten ist eine von Sr. Eminenz Kardinal Joseph Ratzinger, Präfekt der Kongregation für die Glaubenslehre, gezeichnete Einleitung vorangestellt. In ihr werden der historische Kontext der Veröffentlichung der genannten Dokumente und ihre wesentlichen Inhalte beschrieben. Darüber hinaus werden die hauptsächlichen Einwände zusammengefasst, die gegenüber der diesbezüglichen Lehre und Disziplin erhoben wurden, und es werden die Grundlinien einer Antwort auf diese Einwände vorgelegt, die sich aus einem vertieften Studium vonseiten kompetenter Stellen der Glaubenskongregation ergeben haben.

Es folgen zwei im *L'Osservatore Romano* veröffentlichte kommentierende Beiträge, die grundlegende Aspekte des Schreibens von 1994 veranschaulichen. Es handelt sich um den Beitrag *Treue in der Wahrheit* von Sr. Eminenz Kardinal Dionigi Tettamanzi, Erzbischof von Genua (vgl. *L'Osservatore Romano* vom 15. Oktober 1994), und um den Beitrag *Kirchenrechtliche Problematiken* von Sr. Exzellenz Mons. Mario F. Pompedda, Dekan der Rota Romana (vgl. *L'Osservatore Romano* vom 18. November 1994).

Es folgen drei Studien aus den folgenden Jahren, deren Ziel es ist, bestimmte besonders schwierige Probleme zu vertiefen. Es handelt sich um den moraltheologischen Beitrag *Die Epikie in der Seelsorge für wiederverheiratete geschiedene Gläubige* von Prof. Angel Rodríguez Luño (vgl.

L'Osservatore Romano vom 26. November 1997), um die Studie *Die Anwendung von »Aequitas und Epieikeia« auf die Inhalte des Schreibens der Kongregation für die Glaubenslehre vom 14. September 1994* von P. Piero G. Marcuzzi SDB (vgl. *L'Osservatore Romano* vom 29. November 1997) und um den patristischen Beitrag *Die Praxis der frühen Kirche hinsichtlich der wiederverheirateten geschiedenen Gläubigen* von P. Gilles Pelland SJ.

Ich wünsche von Herzen, dass die Veröffentlichung dieses *Hilfsmittels* all denen eine Hilfe sein möge, die sich mit diesen Fragen beschäftigen, und insbesondere jenen, die im Bereich der Seelsorge für die Gläubigen tätig sind, die nach einer zivilrechtlichen Scheidung wieder geheiratet haben.

Tarcisio Bertone
Sekretär

Einleitung

Ehe und Familie sind für die gesunde Entwicklung von Kirche und Gesellschaft von entscheidender Bedeutung. Zeiten, in denen das Ehe- und Familienleben blüht, sind immer auch Zeiten des Wohlergehens für die Menschen. Geraten Ehe und Familie in Krise, hat dies weitreichende Folgen für die Ehegatten und deren Kinder, aber auch für Staat und Kirche. Jedermann ist klar, dass die geistigen Umbrüche und Wandlungen des ausgehenden 20. Jahrhunderts auch das eheliche und familiäre Leben nicht unberührt lassen. Es gibt zwar Anzeichen hoffnungsvoller Neuaufbrüche auch in diesem wichtigen Lebensbereich. Aber im ganzen befinden sich Ehe und Familie in vielen Ländern in einer tiefen Krise. Eines von vielen Symptomen dafür ist die zunehmende Zahl derer, die sich scheiden lassen und eine neue zivile Verbindung eingehen.

Die Frage, welcher Weg in der pastoralen Begleitung solcher Menschen einzuschlagen ist, wird zur Zeit in der Kirche lebhaft diskutiert. Schwierigkeiten in der Ehepastoral sind allerdings keineswegs neu. Seit den Zeiten der Apostel ist die Kirche damit konfrontiert. Die Kirchenväter bemühten sich, auftretende Probleme von Fall zu Fall zu lösen; sie hielten sich dabei wie selbstverständlich an die Lehre Jesu von der Unauflöslichkeit der Ehe, versuchten aber auch, ohne das Wort Jesu abzuschwächen, auf die oft sehr komplexen Einzelsituationen einzugehen. Im 2. christlichen Jahrtausend wurden im Westen die mit der Ehe zusammenhängenden Fragen auf der Ebene der Lehre und des Kirchenrechts weiter geklärt und geregelt. Die orthodoxen Kirchen des Ostens betonten das Prinzip der *oikonomia,* der gütigen Nachsicht in schwierigen Einzelfällen, was allerdings eine fortschreitende Aufweichung des Prinzips der *akribia,* der Treue zur geoffenbarten Wahrheit, mit sich brachte.

In den letzten Jahrzehnten sind die Ehescheidungen, denen zumeist eine neue zivile Verbindung folgt, sprunghaft angestiegen. Aus diesem Grund fühlte sich die Kirche verpflichtet, einige lehrmäßige, rechtliche und pastorale Prinzipien in dieser Frage neu zu bedenken und zu präzisieren. Diese einführenden Erwägungen können das vielschichtige Thema nicht umfassend erörtern und vor allem nicht auf die vielen dahinterliegenden Problemkreise, auch nicht auf die Weiterentwicklung der Ehelehre seit dem Zweiten Vatikanischen Konzil, eingehen. Sie wollen lediglich (I.) den Kontext der neueren lehramtlichen Stellungnahmen in Kürze beschreiben, (II.) die wesentlichen Inhalte der kirchlichen Lehre zu diesem

Thema zusammenfassen und (III.) einige Einwände gegen diese Lehre darlegen und die Richtung einer Antwort aufzeigen.

I. KONTEXT DER NEUEREN LEHRAMTLICHEN STELLUNGNAHMEN

1. Das Zweite Vatikanische Konzil hat die kirchliche Lehre über Ehe und Familie vertieft und in einer mehr personalistischen Sichtweise vorgelegt (vgl. *Gaudium et spes* 47-52). Aufgrund der Konzilsoption, die Wahrheit positiv zu verkünden, kamen Schwierigkeiten und Probleme weniger zur Sprache. Die Fragen im Zusammenhang mit den geschiedenen wieder-verheirateten Gläubigen wurden von den Konzilsvätern nicht ausdrücklich erörtert bzw. fanden keinen Eingang in die Konzilsdokumente. Sie besaßen damals auch noch nicht die heutige Aktualität. Allerdings lehrt das Konzil, dass die Ehescheidung die Würde von Ehe und Familie entstellt (*ebd.* 47) und mit der ehelichen Liebe unvereinbar ist (*ebd.* 49).

2. Bereits im ausgehenden 18. Jahrhundert wurde Ehescheidung in einzelnen Ländern als rechtliche Möglichkeit in die staatliche Gesetzgebung eingeführt; in den 60er und 70er Jahren dieses Jahrhunderts ist sie dann auch in den meisten Staaten mit mehrheitlich katholischer Bevölkerung im Zivilrecht verankert worden. In der Folge ließen sich immer mehr auch katholische Gläubige scheiden und gingen häufig eine neue Verbindung ein, natürlich ohne kirchliche Trauung. Nach dem damals geltenden *Codex Iuris Canonici* von 1917 wurden solche Gläubige als ipso facto infames (can. 2356) und publice indigni (can. 855.1) angesehen. Aufgrund ihres Lebens in der Sünde waren sie nicht nur von den Sakramenten der Buße und der Eucharistie ausgeschlossen, sondern galten als öffentlich ehrlos.

In manchen Teilen der Kirche, vor allem in den USA, wurde diese kirchliche Regelung als zu hart und nicht mehr angemessen empfunden. Man hob hervor, dass man doch auf die so unterschiedlichen menschlichen Schicksale Rücksicht nehmen müsse, und wies insbesondere auf jene hin, die begründete Zweifel an der Gültigkeit ihrer früheren Ehe hatten, dies aber nicht in einem Ehenichtigkeitsverfahren beweisen konnten. In manchen Kreisen wurde inoffiziell eine Lösung schwieriger Situationen im Forum internum vorgeschlagen und praktiziert: in bestimmten Fällen gaben Beichtväter den wiederverheirateten geschiedenen Gläubigen die Absolution und ließen sie zum Kommunionempfang zu.

3. Am 11. April 1973 richtete die Kongregation für die Glaubenslehre ein vertrauliches *Rundschreiben an die Bischöfe der katholischen Kirche*, um in der Frage eine gewisse Orientierung zu geben. Dieses Schreiben unterstrich, dass sich alle an die Lehre von der Unauflöslichkeit der Ehe zu halten haben. In der Frage, ob Gläubige in irregulären Situationen zu den

Sakramenten zugelassen werden dürfen, wurde auf die geltende Ordnung der Kirche, aber auch auf die sogenannte probata praxis Ecclesiae in foro interno verwiesen.

Ziel dieses Rundschreibens war es, die Unauflöslichkeit der Ehe gegenüber gewissen liberalen Entwicklungen zu schützen und zu verteidigen. Der Hinweis auf die bewährte Praxis im Bereich war aber offen für unterschiedliche Auslegungen. Umstritten war auch die Frage, wie man jenen Gläubigen gerecht werden kann, die im Gewissen von der Nichtigkeit ihrer Verbindung überzeugt sind, dies aber nicht durch Fakten nachweisen können.

4. Diese und ähnliche Fragen bedurften einer Klärung. Auch die Notwendigkeit, nicht nur negative, sondern auch positive Richtlinien über den seelsorglichen Umgang mit geschiedenen wiederverheirateten Gläubigen zu erlassen, wurde immer deutlicher erkannt. Die Bischofssynode von 1980 hat sich mutig diesen Problemen gestellt und verschiedene Vorschläge erarbeitet.

Ausgehend von diesen Vorschlägen hat Johannes Paul II. im Apostolischen Schreiben *Familiaris consortio* vom 22. November 1981 in seiner Verantwortung als Oberster Hirte der Kirche eine Reihe von konkreten Bestimmungen zur Frage vorgelegt (*ebd.* 84). Diese Bestimmungen, die im zweiten Teil dieser Einführung umrissen werden, zeigen, wie sich die Kirche als Mutter und Lehrmeisterin auch um Gläubige in irregulären Situationen kümmert.

5. Im Jahr 1983 wurde nach vielen Jahren der Vorbereitung der neue *Codex Iuris Canonici* promulgiert. Dieser spricht in einem anderen Ton von den wiederverheirateten geschiedenen Gläubigen, bekräftigt aber, dass jene, die »hartnäckig in einer offenkundig schweren Sünde verharren«, nicht zur heiligen Kommunion zugelassen werden können (vgl. can. 915; vgl. auch *Codex Canonum Ecclesiarum Orientalium*, can. 712).

Das neue Kirchenrecht betont weiters die Kompetenz der Ehegerichte bezüglich der Prüfung der Gültigkeit der Ehe von Katholiken. Es räumt aber auch den Erklärungen der Parteien Beweiskraft ein und öffnet so neue Wege, um die Nichtigkeit einer vorausgehenden Verbindung zu beweisen (vgl. unten II.7). Mit dieser rechtlichen Neuerung ist ein Weg aufgezeigt, auf dem auch besonders komplexe Situationen im *Forum externum*, das für die öffentliche Wirklichkeit der Ehe zuständig ist, gelöst werden können.

6. Trotz der Bestimmungen von *Familiaris consortio*, die in ihren wesentlichen Inhalten auch in den *Katechismus der Katholischen Kirche* aus dem Jahr 1992 eingegangen sind (vgl. *ebd.* 1650–1651), und der Klarstellungen in den neuen *Codices* wurde in gewissen Kreisen weiterhin eine davon unterschiedene pastorale Praxis gefördert, vor allem in der Frage des Sakramentenempfanges. Nicht wenige Gelehrte legten Studien vor, in

denen sie diese Praxis theologisch zu rechtfertigen versuchten. Viele Priester gaben geschiedenen wiederverheirateten Gläubigen, die weiterhin praktizieren wollten, die Lossprechung und empfahlen bzw. tolerierten, dass sie den Leib des Herrn empfingen.

Um pastoralen Missbräuchen entgegenzuwirken, veröffentlichten die Bischöfe der Oberrheinischen Kirchenprovinz im Jahr 1993 verschiedene Stellungnahmen *zur Pastoral mit Geschiedenen und Wiederverheirateten Geschiedenen*. Ihre Absicht war, in den Pfarrgemeinden ihrer Diözesen eine einheitliche und geordnete Praxis in der schwierigen Frage zu schaffen. Sie unterstrichen die eindeutigen Worte Jesu über die Unauflöslichkeit der Ehe. Sie mahnten, dass eine generelle Zulassung der Gläubigen, die nach der Ehescheidung noch einmal zivil geheiratet haben, nicht möglich ist. Aber sie räumten ein, dass diese Gläubigen in gewissen Fällen zum Tisch des Herrn hinzutreten könnten, wenn sie sich nach einem Gespräch mit einem klugen und erfahrenen Priester in ihrem Gewissen dazu ermächtigt hielten.

7. Der Vorstoß der Bischöfe wurde von manchen Kreisen in der Kirche positiv aufgenommen. Nicht wenige Kardinäle und Bischöfe aber wandten sich an die Glaubenskongregation und baten um eine Klarstellung. Gewisse Theologen waren indes wesentlich radikaler und forderten eine Änderung in Lehre und Disziplin. Manche meinten, man solle die geschiedenen wiederverheirateten Gläubigen nach einer Zeit der Buße wieder offiziell zu den Sakramenten zulassen. Andere äußerten die Meinung, man müsse die Frage den in der Seelsorge tätigen Priestern bzw. der Entscheidung der betroffenen Gläubigen selbst überlassen. Wegen der lehrmäßigen Implikationen solcher Vorschläge hat die Kongregation für die Glaubenslehre am 14. September 1994 ein *Schreiben über den Kommunionempfang von wiederverheirateten geschiedenen Gläubigen* an die Bischöfe der katholischen Kirche gerichtet, um die an sich bekannte Wahrheit und Praxis der Kirche von neuem einzuschärfen.

8. Der Päpstliche Rat für die Familie hat sich bei seiner Vollversammlung 1997 eingehend mit dem Problem der wiederverheirateten geschiedenen Gläubigen beschäftigt. Im Anschluss an diese Beratungen wurden einige pastorale *Empfehlungen* veröffentlicht. Anlässlich dieser Vollversammlung hielt der Heilige Vater am 24. Januar 1997 eine *Ansprache*, in der er einige wesentliche Grundsätze im Sinne von *Familiaris consortio* erneut in Erinnerung rief.

* * *

II. Die wesentlichen Inhalte der kirchlichen Lehre

Um des leichteren Verständnisses willen sollen die wesentlichen Inhalte der einschlägigen lehramtlichen Verlautbarungen[1] in acht Thesen zusammengefasst und kurz erläutert werden.

1. Die wiederverheirateten geschiedenen Gläubigen befinden sich in einer Situation, die der Unauflöslichkeit der Ehe objektiv widerspricht.

In Treue gegenüber der Lehre Jesu hält die Kirche unerschütterlich daran fest, dass die Ehe unauflöslich ist. Das Zweite Vatikanische Konzil lehrt: »Diese innige Vereinigung als gegenseitiges Sich-schenken zweier Personen wie auch das Wohl der Kinder verlangen die unbedingte Treue der Gatten und fordern ihre unauflösliche Einheit« (*Gaudium et spes* 48). Die Kirche glaubt, dass niemand – nicht einmal der Papst – die Macht hat, eine sakramentale und vollzogene Ehe aufzulösen (vgl. CIC, can. 1141). Darum kann sie »eine neue Verbindung nicht als gültig anerkennen, falls die vorausgehende Ehe gültig war« (Schreiben 4). Eine neue zivile Verbindung kann das vorausgehende sakramentale Eheband nicht lösen. Sie steht deshalb objektiv in direktem Gegensatz zur Wahrheit des weiter bestehenden unauflöslichen Ehebandes.

Aus diesem Grund ist es verboten, »aus welchem Grund oder Vorwand auch immer, sei er auch pastoraler Natur, für Geschiedene, die sich wiederverheiraten, irgendwelche liturgische Handlungen vorzunehmen« (FC 84). Solche Handlungen würden nämlich den Eindruck erwecken, dass es sich um eine neue sakramental gültige Eheschließung handelt, und die Lehre von der Unauflöslichkeit der Ehe weiter aushöhlen.

2. Die wiederverheirateten geschiedenen Gläubigen bleiben Glieder des Volkes Gottes und sollen die Liebe Christi und die mütterliche Nähe der Kirche spüren.

Obwohl diese Gläubigen in einer Situation leben, die der Botschaft des Evangeliums widerspricht, sind sie nicht von der kirchlichen Gemeinschaft ausgeschlossen. Sie »sind und bleiben ihre Mitglieder, weil sie die Taufe empfangen haben und den christlichen Glauben bewahren« (Rede 2). Aus diesem Grund sprechen die lehramtlichen Dokumente in der Regel von wiederverheirateten geschiedenen *Gläubigen* und nicht einfach von wiederverheirateten Geschiedenen.

---

1 Wesentlicher Bezugstext ist die Nummer 84 des nachsynodalen Schreibens *Familiaris consortio* (= FC). Auch die oben erwähnte *Ansprache des Papstes* (= Rede), die einschlägigen Aussagen im *Katechismus der Katholischen Kirche* (= KKK) sowie das von der Glaubenskongregation veröffentlichte *Schreiben über den Kommunionempfang von wiederverheirateten geschiedenen Gläubigen* (= Schreiben) sind in einer Zusammenschau der lehramtlichen Aussagen zu berücksichtigen.

Jene, die unter schwierigen familiären Verhältnissen leiden, bedürfen in besonderer Weise der pastoralen Liebe. Die Kirche ist gerufen, ihnen nach dem Vorbild Jesu, der niemanden von seiner Liebe ausschloss, nahe zu sein. Sie wird »unablässig bemüht sein, solchen Menschen ihre Heilsmittel anzubieten« (FC 84).

Die Hirten sind aufgerufen, sich in taktvoller Weise der betroffenen Gläubigen anzunehmen. Dazu gehört, dass sie die verschiedenen Situationen gut unterscheiden. Manche haben durch schwere Schuld ihre eheliche Verbindung zerstört, andere sind vom Ehepartner einfach verlassen worden; manche sind im Gewissen von der Nichtigkeit ihrer vorausgehenden Ehe überzeugt, andere haben vor allem wegen der Kindererziehung wieder geheiratet; schließlich gibt es jene, die in der zweiten Verbindung den Glauben neu entdeckt und bereits einen langen Weg der Buße zurückgelegt haben (vgl. FC 84; Schreiben 3).

Ausgehend von dieser einfühlsamen, auf das Einzelschicksal eingehenden Unterscheidung werden die Hirten den betroffenen Gläubigen konkrete Wege der Umkehr und der Teilnahme am kirchlichen Leben aufzeigen. Zusammen mit der Bischofssynode von 1980 hat Johannes Paul II. die ganze Kirche eingeladen, den Gläubigen in schwierigen ehelichen Verhältnissen beizustehen und ihnen nicht mit Desinteresse oder Vorwürfen zu begegnen. »Die Kirche soll für sie beten, ihnen Mut machen, sich ihnen als barmherzige Mutter erweisen und sie so im Glauben und in der Hoffnung stärken« (FC 84). »Das Mit-Leiden und Mit-Lieben der Hirten und der Gemeinschaft der Gläubigen ist nötig, damit die betroffenen Menschen auch in ihrer Last das süße Joch und die leichte Bürde Jesu erkennen können (vgl. Mt 11,30). Süß und leicht ist ihre Bürde nicht dadurch, dass sie gering und unbedeutend wäre, sondern sie wird dadurch leicht, dass der Herr – und mit ihm die ganze Kirche – sie mitträgt. Zu dieser eigentlichen, in der Wahrheit wie in der Liebe gleichermaßen gründenden Hilfe hinzuführen, ist die Aufgabe der Pastoral, die mit aller Hingabe angegangen werden muss« (Schreiben 10).

3. Als Getaufte sind die wiederverheirateten geschiedenen Gläubigen berufen, aktiv am Leben der Kirche teilzunehmen, insofern dies mit ihrer objektiven Situation vereinbar ist.

An vielen Lebensvollzügen der Kirche können die wiederverheirateten geschiedenen Gläubigen ohne weiteres teilnehmen: »Sie sollen ermahnt werden, das Wort Gottes zu hören, am heiligen Messopfer teilzunehmen, regelmäßig zu beten, die Gemeinde in ihren Werken der Nächstenliebe und Initiativen zur Förderung der Gerechtigkeit zu unterstützen, die Kinder im christlichen Glauben zu erziehen und den Geist und die Werke der Buße zu pflegen, um so von Tag zu Tag die Gnade Gottes auf sich herabzurufen« (FC 84).

In der Ansprache von 1997 hebt der Heilige Vater die Bedeutung der Kindererziehung besonders hervor: »Ein wichtiges Kapitel bezieht sich auf die menschliche und christliche Erziehung der Kinder der neuen Verbindung. Ihre Teilhabe am vollen Bedeutungsgehalt der Weisheit des Evangeliums, der kirchlichen Lehre entsprechend, bereitet die Herzen ihrer Eltern auf wunderbare Weise für den Empfang der notwendigen Kraft und Klarheit vor, um die wirklichen Schwierigkeiten auf ihrem Weg überwinden zu können und jene volle Transparenz des Geheimnisses Christi zurückzuerlangen, das die christliche Ehe sichtbar und gegenwärtig macht« (Rede 4).

Das Schreiben der Glaubenskongregation hebt neben den genannten Aspekten auch die Bedeutung der geistlichen Kommunion hervor: »Den Gläubigen muss geholfen werden, zu einem tieferen Verständnis vom Wert der Teilnahme am eucharistischen Opfer Christi, der geistlichen Kommunion, des Gebetes, der Betrachtung des Wortes Gottes, der Werke der Nächstenliebe und der Gerechtigkeit zu gelangen« (Schreiben 6).

Es ist wichtig, immer wieder zu betonen, dass die betroffenen Gläubigen in vielfacher Weise am Leben der Kirche partizipieren können und sollen. Die Teilnahme am kirchlichen Leben darf nicht einfach auf die Frage des Kommunionempfangs reduziert werden, wie es leider oftmals geschieht.

4. Aufgrund ihrer objektiven Situation dürfen die wiederverheirateten geschiedenen Gläubigen nicht zur heiligen Kommunion zugelassen werden und auch nicht eigenmächtig zum Tisch des Herrn hinzutreten.

Nachdem der Papst in *Familiaris consortio* die betroffenen Gläubigen zur Teilnahme an vielen Aspekten des kirchlichen Lebens aufgerufen hat, stellt er in klaren Worten fest: »Die Kirche bekräftigt jedoch ihre auf die Heilige Schrift gestützte Praxis, wiederverheiratete Geschiedene nicht zum eucharistischen Mahl zuzulassen« (FC 84). Diese Norm ist keine bloß disziplinäre Regelung, die von der Kirche geändert werden könnte. Sie leitet sich von einer objektiven Situation her, die das Hinzutreten zur heiligen Kommunion in sich unmöglich macht. Johannes Paul II. bringt diesen doktrinellen Grund mit folgenden Worten zum Ausdruck: »Sie stehen insofern selbst ihrer Zulassung im Weg, als ihr Lebensstand und ihre Lebensverhältnisse in objektivem Widerspruch zu jenem Bund der Liebe zwischen Christus und der Kirche sind, den die Eucharistie sichtbar und gegenwärtig macht« (FC 84). Zu diesem primären Grund kommt ein zweiter hinzu, der mehr pastoraler Natur ist: »Ließe man solche Menschen zur Eucharistie zu, bewirkte dies bei den Gläubigen hinsichtlich der Lehre der Kirche über die Unauflöslichkeit der Ehe Irrtum und Verwirrung« (FC 84).

Einige Theologen haben eingewandt, dass diese Norm nicht der vom Papst geforderten Unterscheidung der verschiedenen Situationen gerecht werde; man müsse auch in der Frage des Kommunionempfangs auf den Einzelfall eingehen und flexibel sein. Diese Auffassung ist aber nicht mit *Familiaris consortio* vereinbar, wie das Schreiben der Glaubenskongregation ausdrücklich feststellt: »Die Struktur des Mahnschreibens und der Tenor seiner Worte zeigen klar, dass diese in verbindlicher Weise vorgelegte Praxis nicht aufgrund der verschiedenen Situationen modifiziert werden kann« (Schreiben 5).

Andere haben vorgeschlagen, zwischen der offiziellen Zulassung zur heiligen Kommunion, die nicht möglich sei, und dem Hinzutritt dieser Gläubigen zum Tisch des Herrn zu unterschieden, der in gewissen Fällen erlaubt sei, wenn sie sich in ihrem Gewissen dazu ermächtigt hielten. Demgegenüber betont das Schreiben der Glaubenskongregation: »Gläubige, die wie in der Ehe mit einer Person zusammenleben, die nicht ihre rechtmäßige Ehegattin oder ihr rechtmäßiger Ehegatte ist, dürfen nicht zur heiligen Kommunion hinzutreten. Im Fall, dass sie dies für möglich hielten, haben die Hirten und Beichtväter wegen der Schwere der Materie und der Forderungen des geistlichen Wohls der betreffenden Personen (vgl. 1 Kor 11,27–29) und des Allgemeinwohls der Kirche die ernste Pflicht, sie zu ermahnen, dass ein solches Gewissensurteil in offenem Gegensatz zur Lehre der Kirche steht. Sie müssen diese Lehre zudem allen ihnen anvertrauten Gläubigen in Erinnerung rufen« (Schreiben 6).

Es ist wichtig, den Gläubigen den Sinn dieser verbindlichen Norm gut zu erklären. Es geht nicht darum, jemanden in irgendeiner Weise auszuschließen oder zu diskriminieren. Es geht »einzig um die uneingeschränkte Treue zum Willen Christi, der uns die Unauflöslichkeit der Ehe als Gabe des Schöpfers zurückgegeben und neu anvertraut hat« (Schreiben 10). Wenn die Gläubigen, die sich in einer solchen Situation befinden, dies von innen her annehmen, legen sie dadurch auf ihre Weise Zeugnis ab für die Unauflöslichkeit der Ehe und für ihre Treue zur Kirche (vgl. Schreiben 9). Gewiß wird ihnen dadurch auch die Notwendigkeit der Bekehrung immer neu bewusst.

Freilich – und dies ist heute in der Kirche weithin vergessen – gibt es auch viele andere Situationen, die einem würdigen und fruchtbaren Kommunionempfang im Weg stehen. In Predigt und Katechese müsste dies wieder viel mehr und deutlicher zur Sprache kommen. Dann könnten auch die wiederverheirateten geschiedenen Gläubigen ihre Situation leichter verstehen.

5. Aufgrund ihrer objektiven Situation können die wiederverheirateten geschiedenen Gläubigen »gewisse kirchliche Aufgaben nicht ausüben« (KKK 1650).

Dies gilt etwa für das Patenamt. Gemäß dem geltenden Kirchenrecht muss der Pate »ein Leben führen, das dem Glauben und dem zu übernehmenden Dienst entspricht« (CIC, can. 874 1. 3). Die wiederverheirateten geschiedenen Gläubigen entsprechen nicht dieser Regelung, da ihre Situation dem Gebot Gottes objektiv widerspricht. Eine neuere Untersuchung – auch unter Einbeziehung des Päpstlichen Rates für die Interpretation von Gesetzestexten – hat ergeben, dass diese rechtliche Norm eindeutig und klar ist. Dabei wurde aber betont, dass die Bedingungen, die für die Übernahme des Patendienstes erforderlich sind – weit über die hier erörterte Frage hinaus – genauer präzisiert werden sollten, um das Patenamt in seiner Bedeutung aufzuwerten und Missbräuchen in der Pastoral entgegenzuwirken. Mittlerweile sind bereits Schritte in diese Richtung gesetzt worden.

Auch andere kirchliche Aufgaben, die ein besonderes christliches Lebenszeugnis voraussetzen, können nicht an Geschiedene, die zivil wiederverheiratet sind, übertragen werden: liturgische Dienste (Lektor, Kommunionhelfer), katechetische Dienste (Religionslehrer, Erstkommunion- bzw. Firmhelfer), Mitgliedschaft im diözesanen Pastoral- bzw. im Pfarrgemeinderat. Mitglieder solcher Räte müssen ganz im kirchlich-sakramentalen Leben verwurzelt sein und ein Leben führen, das mit den sittlichen Grundsätzen der Kirche übereinstimmt. Das Kirchenrecht legt fest, dass in den diözesanen Pastoralrat – und dies gilt analog ebenso für den Pfarrgemeinderat – »nur Gläubige berufen werden (dürfen), die sich durch festen Glauben, gute Sitten und Klugheit auszeichnen« (CIC, can. 512.3)[2]. Es ist auch davon abzuraten, dass wiederverheiratete geschiedene Gläubige als Trauzeugen fungieren, auch wenn es in dieser Frage keine inneren Gründe dagegen gibt.[3]

---

2 Vgl. dazu auch die *Instruktion zu einigen Fragen über die Mitarbeit der Laien am Dienst der Priester* vom 15. August 1997, Art. 5, 2 sowie Art. 13.

3 Diese Normen sind kurz und verständlich zusammengefasst im *Direktorium für Familienpastoral* der italienischen Bischöfe: »La partecipazione dei divorziati risposati alla vita della Chiesa rimane comunque condizionata dalla loro non piena appartenenza ad essa. E' evidente, quindi, che essi non possono svolgere nella comunità ecclesiale quei servizi che esigono una pienezza di testimonianza cristiana, come sono i servizi liturgici e in particolare quello di lettori, il ministero di catechista, l'ufficio di padrino per i sacramenti. Nella stessa prospettiva, è da escludere una loro partecipazione ai consigli pastorali, i cui membri, condividendo in pienezza la vita della comunità cristiana, ne sono in qualche modo i rappresentanti e i delegati. Non sussistono invece ragioni intrinseche per impedire che un divorziato risposato funga da testimone nella celebrazione del matrimonio: tuttavia saggezza pastorale chiederebbe di evitarlo, per il chiaro contrasto che esiste tra il matrimonio indissolubile di cui il soggetto si fa testimone e la situazione di violazione della stessa indissolubilità che egli vive personalmente« (*ebd.*, 218).

Auch in diesem Punkt kann man nicht einwenden, dass die betroffenen Gläubigen diskriminiert werden. Es handelt sich vielmehr um innere Folgen ihrer objektiven Lebenssituation. Zudem erfordert das Gemeinwohl der Kirche, dass man Verwirrung und ein mögliches Ärgernis auf jeden Fall vermeidet. Allerdings darf in diesem Problemkreis die Frage ebenfalls nicht einseitig auf die wiederverheirateten geschiedenen Gläubigen fixiert werden, sondern ist grundsätzlicher und umfassender zu erörtern.

6. *Wenn wiederverheiratete geschiedene Gläubige sich trennen bzw. wie Bruder und Schwester leben, können sie zu den Sakramenten zugelassen werden.*

Damit die Geschiedenen, die eine neue zivile Verbindung eingegangen sind, das Sakrament der Versöhnung, das den Zugang zur heiligen Kommunion öffnet, gültig empfangen können, müssen sie aufrichtig bereit sein, ihre Lebenssituation so zu ändern, dass sie der Unauflöslichkeit der Ehe nicht mehr entgegensteht.

Das bedeutet konkret, dass sie bereuen, das sakramentale Eheband, das ein Abbild der bräutlichen Vereinigung zwischen Christus und seiner Kirche ist, verletzt zu haben, und sich von jener Person trennen, die nicht ihre rechtmäßige Ehegattin bzw. ihr rechtmäßiger Ehegatte ist. Wenn dies aus ernsthaften Gründen, zum Beispiel wegen der Kindererziehung, nicht möglich ist, müssen sie sich vornehmen, vollkommen enthaltsam zu leben (vgl. FC 84). Mit Hilfe der alles überwindenden Gnade und ihres entschiedenen Bemühens soll sich ihre Verbundenheit immer mehr in ein Band der Freundschaft, der Wertschätzung und der Hilfsbereitschaft verwandeln. Dies ist die Interpretation, die *Familiaris consortio* der sogenannten probata praxis Ecclesiae in foro interno gibt. Im Schreiben der Glaubenskongregation wird diese Lösung erneut vorgetragen mit dem Zusatz, dass »die Pflicht aufrechterhalten bleibt, Ärgernis zu vermeiden« (Schreiben 4).

Es ist jedermann klar, dass diese Lösung fordernd ist, vor allem wenn es sich um jüngere Menschen handelt. Aus diesem Grund ist die kluge und väterliche Begleitung durch einen Beichtvater, der die betroffenen Gläubigen, die wie Bruder und Schwester leben möchten, Schritt für Schritt voranführt, von besonders großer Bedeutung. Hier müssten noch viel mehr pastorale Initiativen entwickelt werden.

7. *Die wiederverheirateten geschiedenen Gläubigen, die subjektiv von der Ungültigkeit ihrer vorausgehenden Ehe überzeugt sind, müssen ihre Situation im Forum externum regeln.*

Die Ehe hat wesentlich öffentlichen Charakter. Sie bildet die Urzelle der Gesellschaft. Die christliche Ehe besitzt sakramentale Würde. Der Konsens der Gatten, der die Ehe konstituiert, ist nicht eine bloße Privatscheidung, sondern schafft für jeden Partner eine spezifisch kirchliche und soziale Situation. Die Ehe ist eine Wirklichkeit der Kirche und betrifft nicht nur die unmittelbare Beziehung der Eheleute zu Gott. Darum steht es dem persönlichen Gewissen der Betroffenen nicht zu, in letzter Instanz auf der Grundlage der eigenen Überzeugung über das Bestehen oder Nichtbestehen einer vorausgehenden Ehe und den Wert der neuen Beziehung zu entscheiden (vgl. Schreiben 7 und 8).

Aus diesem Grund bekräftigt das revidierte Kirchenrecht die ausschließliche Kompetenz der kirchlichen Gerichte bezüglich der Prüfung der Gültigkeit der Ehe von Katholiken. Dies bedeutet, dass auch jene, die in ihrem Gewissen überzeugt sind, dass ihre frühere, unheilbar zerstörte Ehe niemals gültig war, sich an das zuständige Ehegericht zu wenden haben, das auf dem von der Kirche festgelegten Weg des Forum externum prüft, ob es sich objektiv um eine ungültige Ehe handelt. Der *Codex Iuris Canonici* von 1983 – und dasselbe gilt in analoger Weise auch vom *Codex Canonum Ecclesiarum Orientalium* – bietet auch neue Wege, um die Nichtigkeit einer Ehe nachzuweisen. Mons. Mario F. Pompedda, der Dekan der Rota Romana, schreibt diesbezüglich in seinem Kommentar *Kirchenrechtliche Problematiken,* der in diesem Band abgedruckt ist: »In tiefer Achtung vor der menschlichen Person, im Anschluss an das Naturrecht und im Bemühen, das Prozessrecht von allem juristischen Formalismus zu befreien und die unumgänglichen Forderungen der Gerechtigkeit zu befolgen (in diesem Fall geht es um das Erzielen einer moralischen Gewissheit und um den Schutz der Wahrheit, der hier sogar die Gültigkeit eines Sakramentes beinhaltet), hat der kirchliche Gesetzgeber Normen festgelegt (vgl. can. 1536.2 und can. 1679), aufgrund derer auch schon die Aussagen der betreffenden Parteien einen für die Nichtigkeit ausreichenden Beweis darstellen können, natürlich nur da, wo diese Aussagen in Übereinstimmung mit den Umständen der Rechtssache die Garantie für volle Glaubwürdigkeit bieten«.

Mit dieser neuen kanonischen Regelung, die in der Praxis der kirchlichen Gerichte in manchen Ländern leider noch viel zu wenig beachtet und angewandt wird, soll »jede Abweichung von der Wahrheit, die im prozessualen Weg nachweisbar ist, von der objektiven, vom rechten Gewissen erkannten Wahrheit so weit wie möglich ausgeschlossen werden« (Schreiben 9).

8. Die wiederverheirateten geschiedenen Gläubigen dürfen niemals die Hoffnung verlieren, das Heil zu erlangen.

Der letzte Absatz im einschlägigen Kapitel von *Familiaris consortio* ist ein deutlicher Aufruf, niemals die Hoffnung zu verlieren: »Die Kirche vertraut fest darauf, dass auch diejenigen, die sich vom Gebot des Herrn entfernt haben und noch in einer solchen Situation leben, von Gott die Gnade der Umkehr erhalten können, wenn sie ausdauernd geblieben sind in Gebet, Buße und Liebe« (FC 84; vgl. Rede 4).

Auch wenn die Kirche niemals eine Praxis gutheißen kann, die den Forderungen der Wahrheit und dem Gemeinwohl von Familie und Gesellschaft entgegensteht, so hört sie doch nicht auf, ihre Söhne und Töchter in schwierigen ehelichen Verhältnissen zu lieben, ihre Schwierigkeiten und Leiden mitzutragen, sie mit mütterlichem Herzen zu begleiten und im Glauben zu bestärken, dass sie nicht von jenem Gnadenstrom ausgeschlossen sind, der reinigt, erleuchtet, verwandelt und hinführt zum ewigen Heil.

* * *

III. Einwände gegen die kirchliche Lehre – die Richtung einer Antwort

Das Schreiben der Glaubenskongregation von 1994 hat bekanntlich in weiten Teilen der Kirche ein lebhaftes Echo gefunden. Neben vielen positiven Stellungnahmen waren auch nicht wenige kritische Stimmen zu hören. Die wesentlichen Einwände gegen die kirchliche Lehre und Praxis werden im Folgenden in vereinfachender Form umrissen.

Einige gewichtigere Einwände – vor allem der Verweis auf die angeblich flexiblere Praxis der Kirchenväter, welche die Praxis der von Rom getrennten Ostkirchen bis heute präge, sowie der Hinweis auf die traditionellen Prinzipien der Epikie und der Aequitas canonica – wurden von der Glaubenskongregation eingehend untersucht. Die Artikel der Professoren Pelland, Marcuzzi und Rodriguez Luño sind neben anderem im Zuge dieses Studiums entstanden. Die hauptsächlichen Ergebnisse der Untersuchung, die die Richtung einer Antwort auf die vorgebrachten Einwände anzeigen, sollen hier ebenfalls in Kürze zusammengefasst werden.

1. Manche meinen, einige Stellen des Neuen Testaments deuteten an, dass das Wort Jesu über die Unauflöslichkeit der Ehe eine flexible Anwendung erlaube und nicht in eine streng rechtliche Kategorie eingeordnet werden dürfe.

Einige Exegeten merken kritisch an, dass das Lehramt im Zusammenhang mit der Unauflöslichkeit der Ehe fast ausschließlich eine Perikope – nämlich Mk 10,11–12 – zitiere und andere Stellen aus dem Matthäus-Evangelium und aus dem 1. Korintherbrief nicht genügend berücksichtige. Diese Bibelstellen sprächen von einer gewissen Ausnahme vom Herrenwort über die Unauflöslichkeit der Ehe, und zwar im Fall von porneia (Mt 5,32; 19,9) und im Fall der Trennung um des Glaubens wegen (1 Kor 7,12–16). Solche Texte seien Hinweise, dass die Christen in schwierigen Situationen schon in der apostolischen Zeit eine flexible Anwendung des Wortes Jesu gekannt haben.

Auf diesen Einwand ist zu antworten, dass die lehramtlichen Dokumente die biblischen Grundlagen der Ehelehre nicht umfassend darlegen wollen. Sie überlassen diese wichtige Aufgabe den kompetenten Fachleuten. Das Lehramt betont allerdings, dass sich die kirchliche Lehre von der Unauflöslichkeit der Ehe aus der Treue gegenüber dem Wort Jesu ableitet. Jesus bezeichnet die alttestamentliche Scheidungspraxis eindeutig als Folge der menschlichen Hartherzigkeit. Er verweist – über das Gesetz hinaus – auf den Anfang der Schöpfung, auf den Schöpferwillen, und fasst seine Lehre mit den Worten zusammen: »Was aber Gott verbunden hat, das darf der Mensch nicht trennen« (Mk 10,9). Mit dem Kommen des Erlösers wird also die Ehe in ihrer schöpfungsgemäßen Ur-Gestalt wieder hergestellt und der menschlichen Willkür entrissen – vor allem der männlichen Willkür, denn für die Frau gab es ja die Möglichkeit der Scheidung nicht. Jesu Wort von der Unauflöslichkeit der Ehe ist die Überwindung der alten Ordnung des Gesetzes in der neuen Ordnung des Glaubens und der Gnade. Nur so kann die Ehe der gottgegebenen Berufung zur Liebe und der menschlichen Würde voll gerecht und zum Zeichen der unbedingten Bundesliebe Gottes, d. h. zum Sakrament, werden (vgl. Eph 5,32).

Die Trennungsmöglichkeit, die Paulus in 1 Kor 7 eröffnet, betrifft Ehen zwischen einem christlichen und einem nicht getauften Partner. Die spätere theologische Reflexion hat erkannt, dass nur Ehen zwischen zwei Getauften Sakrament im strengen Sinn des Wortes sind und dass nur für diese im Raum des Christusglaubens stehenden Ehen die unbedingte Unauflöslichkeit gilt. Die sogenannte Naturehe hat ihre Würde von der Schöpfungsordnung her und ist daher auf Unauflöslichkeit angelegt, kann aber unter Umständen eines höheren Gutes – hier des Glaubens – wegen aufgelöst werden. So hat die theologische Systematik den Hinweis des heiligen Paulus rechtlich als Privilegium Paulinum eingeordnet, d. h. als Möglichkeit, eine nicht sakramentale Ehe um des Gutes des Glaubens willen aufzulösen. Die Unauflöslichkeit der wirklich sakramentalen Ehe bleibt gewahrt; es handelt sich also nicht um eine Ausnahme vom Wort des Herrn. Darauf werden wir später zurückkommen.

Bezüglich des rechten Verständnisses der porneia-Klauseln gibt es eine Fülle von Literatur mit vielen unterschiedlichen, ja gegensätzlichen Hypothesen. Unter den Exegeten herrscht in dieser Frage keinerlei Einmütigkeit. Viele nehmen an, dass es sich hier um ungültige eheliche Verbindungen und nicht um Ausnahmen von der Unauflöslichkeit der Ehe handelt. Auf alle Fälle kann die Kirche ihre Lehre und Praxis nicht auf unsichere exegetische Hypothesen aufbauen. Sie hat sich an die eindeutige Lehre Christi zu halten.

2. Andere wenden ein, dass die patristische Tradition Raum lasse für eine differenziertere Praxis, die schwierigen Situationen besser gerecht wird; die katholische Kirche könne zudem vom ostkirchlichen Ökonomie-Prinzip lernen.

Man sagt, dass das gegenwärtige Lehramt sich nur auf einen Strang der patristischen Tradition stützt, aber nicht auf das ganze Erbe der Alten Kirche. Obwohl die Väter eindeutig am doktrinellen Prinzip der Unauflöslichkeit der Ehe festhielten, haben einige von ihnen auf der pastoralen Ebene eine gewisse Flexibilität mit Rücksicht auf schwierige Einzelsituationen toleriert. Auf dieser Grundlage haben die von Rom getrennten Ostkirchen später neben dem Prinzip der *akribia*, der Treue zur geoffenbarten Wahrheit, jenes der *oikonomia*, der gütigen Nachsicht in schwierigen Einzelfällen, entwickelt. Ohne die Lehre von der Unauflöslichkeit der Ehe aufzugeben, erlauben sie in gewissen Fällen eine Zweit- und auch eine Drittehe, die allerdings von der sakramentalen Erstehe unterschieden und vom Charakter der Buße geprägt ist. Diese Praxis sei von der katholischen Kirche nie ausdrücklich verurteilt worden. Die Bischofssynode von 1980 habe angeregt, diese Tradition gründlich zu studieren, um die Barmherzigkeit Gottes besser aufleuchten zu lassen.

Die Studie von P. Pelland legt die wesentlichen Vätertexte zur Problematik klar und deutlich vor. Für die Interpretation der einzelnen Texte bleibt natürlich der Historiker zuständig. Aufgrund der schwierigen Textlage werden die Kontroversen auch in Zukunft nicht ausbleiben. In theologischer Hinsicht ist festzuhalten:

a) Es gibt einen klaren Konsens der Väter bezüglich der Unauflöslichkeit der Ehe. Weil diese dem Willen des Herrn entspringt, besitzt die Kirche keinerlei Gewalt darüber. Deshalb war die christliche Ehe von Anfang an unterschieden von der Ehe der römischen Zivilisation, auch wenn es in den ersten Jahrhunderten noch keine eigene kanonische Ordnung gab. Die Kirche der Väterzeit schließt Ehescheidung und Wiederheirat eindeutig aus, und zwar aus gläubigem Gehorsam gegenüber dem Neuen Testament.

b) In der Kirche der Väterzeit wurden geschiedene wiederverheiratete Gläubige niemals nach einer Bußzeit offiziell zur heiligen Kommunion zugelassen. Es trifft indes zu, dass die Kirche Zugeständnisse in einzelnen Ländern nicht immer rigoros rückgängig gemacht hat, auch wenn sie als nicht mit Lehre und Disziplin übereinstimmend bezeichnet wurden. Wahr scheint auch, dass einzelne Väter, etwa Leo der Große, für seltene Grenzfälle pastorale Lösungen suchten.

c) In der Folge kam es zu zwei gegensätzlichen Entwicklungen:
   – In der Reichskirche nach Konstantin suchte man mit der immer stärkeren Verflechtung von Staat und Kirche eine größere Flexibi-

lität und Kompromissbereitschaft in schwierigen Ehesituationen. Bis zur gregorianischen Reform zeigte sich auch im gallischen und germanischen Raum eine ähnliche Tendenz. In den von Rom getrennten Ostkirchen setzte sich diese Entwicklung im zweiten Jahrtausend weiter fort und führte zu einer immer liberaleren Praxis. Heute gibt es in manchen Ostkirchen eine Vielzahl von Scheidungsgründen, ja bereits eine Theologie der Scheidung, die mit den Worten Jesu über die Unauflöslichkeit der Ehe auf keine Weise zu vereinbaren ist. Im ökumenischen Dialog muss dieses Problem unbedingt zur Sprache gebracht werden.

– Im Westen wurde durch die gregorianische Reform die ursprüngliche Auffassung der Väter wieder hergestellt. Diese Entwicklung fand auf dem Konzil von Trient einen gewissen Abschluss und wurde auf dem Zweiten Vatikanischen Konzil erneut als Lehre der Kirche vorgetragen.

Die Praxis der Ostkirchen, die Folge eines komplexen historischen Prozesses, einer immer liberaleren – und sich mehr und mehr vom Herrenwort entfernenden – Interpretation einiger dunkler Vätertexte sowie eines nicht geringen Einflusses ziviler Gesetze ist, kann von der katholischen Kirche aus lehrmäßigen Gründen nicht übernommen werden. Zudem ist die Behauptung unrichtig, dass die katholische Kirche die orientalische Praxis einfach toleriert habe. Gewiss hat Trient keine ausdrückliche Verurteilung ausgesprochen. Die mittelalterlichen Kanonisten sprachen allerdings durchgehend von einer missbräuchlichen Praxis. Zudem gibt es Zeugnisse, dass Gruppen orthodoxer Gläubiger, die katholisch wurden, ein Glaubensbekenntnis mit einem ausdrücklichen Verweis auf die Unmöglichkeit einer Zweitehe unterzeichnen mussten.

3. Manche schlagen vor, auf der Basis der traditionellen Prinzipien der Epikie und der Aequitas canonica Ausnahmen von der kirchlichen Norm zu gestatten.

Bestimmte Ehefälle, so sagt man, können im Forum externum nicht geregelt werden. Die Kirche dürfe nicht nur auf rechtliche Normen verweisen, sondern müsse auch das Gewissen der einzelnen achten und tolerieren. Die überlieferte Lehre von Epikie und Aequitas canonica könnten moraltheologisch bzw. juridisch eine Entscheidung des Gewissens, die von der allgemeinen Norm abweicht, rechtfertigen. Vor allem in der Frage des Sakramentenempfangs solle die Kirche hier Schritte setzen und den betroffenen Gläubigen nicht nur Verbote vorhalten.

Die beiden Beiträge von Don Marcuzzi und Prof. Rodriguez Luño werfen Licht auf diese komplexe Problematik. Dabei sind drei Fragenbereiche deutlich voneinander zu unterscheiden:

a) Epikie und Aequitas canonica sind im Bereich menschlicher und rein kirchlicher Normen von großer Bedeutung, können aber nicht im Bereich von Normen angewandt werden, über die die Kirche keine Verfügungsgewalt hat. Die Unauflöslichkeit der Ehe ist eine dieser Normen, die auf den Herrn selbst zurückgehen und daher als Normen göttlichen Rechts bezeichnet werden. Die Kirche kann auch nicht pastorale Praktiken – etwa in der Sakramentenpastoral – gutheißen, die dem eindeutigen Gebot des Herrn widersprechen. Mit anderen Worten: Wenn die vorausgehende Ehe von wiederverheirateten geschiedenen Gläubigen gültig war, kann ihre neue Verbindung unter keinen Umständen als rechtmäßig betrachtet werden, daher ist ein Sakramentenempfang aus inneren Gründen nicht möglich. Das Gewissen des einzelnen ist ausnahmslos an diese Norm gebunden.

b) Die Kirche hat indes die Vollmacht zu klären, welche Bedingungen erfüllt sein müssen, damit eine Ehe als unauflöslich im Sinne Jesu betrachtet werden kann. Auf der Linie der paulinischen Aussagen in 1 Kor 7 legte sie fest, dass nur zwei Christen eine sakramentale Ehe schließen können. Sie entwickelte die Rechtsfiguren des Privilegium Paulinum und des Privilegium Petrinum. Mit Rückgriff auf die porneia-Klauseln bei Matthäus und in Apg 15,20 wurden Ehehindernisse formuliert. Zudem wurden Ehenichtigkeitsgründe immer klarer erkannt und das Prozessverfahren ausführlicher entwickelt. All dies trug dazu bei, den Begriff der unauflöslichen Ehe einzugrenzen und zu präzisieren. Man kann sagen, dass auf diese Weise auch in der Westkirche dem Prinzip der *oikonomia* Raum gegeben wurde, allerdings ohne die Unauflöslichkeit der Ehe als solche anzutasten.

Auf dieser Linie liegt auch die rechtliche Weiterentwicklung im *Codex Iuris Canonici* von 1983, gemäß der auch den Erklärungen der Parteien Beweiskraft zukommt. An sich scheinen damit nach Ansicht kompetenter Fachleute (vgl. die Studie von Msgr. Pompedda) die Fälle praktisch ausgeschlossen, in denen eine ungültige Ehe auf dem prozessualen Weg nicht als solche nachweisbar ist. Weil die Ehe wesentlich öffentlich-kirchlichen Charakter hat und der Grundsatz gilt Nemo iudex in propria causa (Niemand ist Richter in eigener Sache), müssen Eheangelegenheiten im Forum externum gelöst werden. Wenn wiederverheiratete geschiedene Gläubige meinen, dass ihre frühere Ehe niemals gültig war, sind sie demnach verpflichtet, sich an das zuständige Ehegericht zu wenden, das die Frage objektiv und unter Anwendung aller rechtlich verfügbaren Möglichkeiten zu prüfen hat.

c) Freilich ist nicht ausgeschlossen, dass bei Eheprozessen Fehler unterlaufen. In einigen Teilen der Kirche gibt es noch keine gut funktionierenden Ehegerichte. Manchmal dauern die Prozesse ungebührlich lange. Hin und wieder enden sie mit fragwürdigen Entscheidungen. Hier scheint im Forum internum die Anwendung der Epikie nicht von vorne herein ausgeschlossen. Im Schreiben der Glaubenskongregation von 1994 ist dies angedeutet, wenn gesagt wird, dass durch die kirchenrechtlichen Neuerungen Abweichungen der gerichtlichen Urteile von der objektiven Wahrheit »so weit wie möglich« ausgeschlossen werden sollen (vgl. Schreiben 9). Manche Theologen sind der Auffassung, dass sich die Gläubigen auch im Forum internum an ihrer Meinung nach falsche gerichtliche Urteile unbedingt zu halten haben. Andere meinen, dass hier im Forum internum Ausnahmen denkbar sind, weil es in der Prozessordnung nicht um Normen göttlichen Rechts, sondern um Normen kirchlichen Rechts geht. Diese Frage bedarf aber weiterer Studien und Klärungen. Freilich müssten die Bedingungen für das Geltendmachen einer Ausnahme sehr genau geklärt werden, um Willkür auszuschließen und den – dem subjektiven Urteil entzogenen – öffentlichen Charakter der Ehe zu schützen.

4. Manche werfen dem aktuellen Lehramt vor, die Lehrentwicklung des Konzils wieder rückgängig zu machen und eine vorkonziliare Eheauffassung zu vertreten.

Einige Theologen behaupten, an der Basis der neueren lehramtlichen Dokumente über Ehefragen stehe eine naturalistische, legalistische Auffassung der Ehe. Das Augenmerk werde dabei auf den Vertrag zwischen den Ehegatten und das ius in corpus gelegt. Das Konzil habe dieses statische Verständnis überwunden und die Ehe in mehr personalistischer Weise als Bund der Liebe und des Lebens beschrieben. So habe es Möglichkeiten eröffnet, schwierige Situationen menschlicher zu lösen. Auf dieser Linie weiterdenkend, stellen einzelne Forscher die Frage, ob man nicht auch vom Tod der Ehe sprechen könne, wenn das personale Band der Liebe zwischen den Ehegatten nicht mehr existiere. Andere werfen die alte Frage auf, ob der Papst in solchen Fällen nicht die Möglichkeit der Eheauflösung habe.

Wer allerdings die neueren kirchlichen Verlautbarungen aufmerksam liest, wird erkennen, dass sie in den zentralen Aussagen auf *Gaudium et spes* aufbauen und die darin enthaltene Lehre auf der vom Konzil gezogenen Spur in durchaus personalistischen Zügen weiterentwickeln. Es ist aber unangemessen, zwischen der personalistischen und der juridischen Sichtweise der Ehe einen Gegensatz aufzurichten. Das Konzil hat nicht mit der traditionellen Eheauffassung gebrochen, sondern sie weiterentfaltet. Wenn zum Beispiel immer wieder darauf hingewiesen wird, dass das Konzil den streng rechtlichen Begriff des Vertrags durch den weiträumigeren und theologisch tieferen Begriff Bund ersetzt hat, darf dabei nicht vergessen werden, dass auch im Bund das

Element des Vertrags enthalten und freilich in eine größere Perspektive gestellt ist.

Dass Ehe weit über das bloß Rechtliche in die Tiefe des Menschlichen und ins Geheimnis des Göttlichen hineinreicht, ist zwar immer schon mit dem Wort Sakrament ausgesagt, aber doch oft nicht mit der Deutlichkeit bedacht worden, die das Konzil diesen Aspekten gewidmet hat. Das Recht ist nicht das Ganze, aber ein unverzichtbarer Teil, eine Dimension des Ganzen. Ehe ohne rechtliche Normierung, die sie ins ganze Gefüge von Gesellschaft und Kirche einordnet, gibt es nicht. Wenn die Neuordnung des Rechts nach dem Konzil auch den Bereich der Ehe umgreift, so ist dies nicht Verrat am Konzil, sondern Durchführung seines Auftrags.

Wenn die Kirche die Theorie annehmen würde, dass eine Ehe tot ist, wenn die beiden Gatten sich nicht mehr lieben, dann würde sie damit die Ehescheidung gutheißen und die Unauflöslichkeit der Ehe nur noch verbal, aber nicht mehr faktisch vertreten. Die Auffassung, der Papst könne unwiderruflich zerbrochene Ehen eventuell auflösen, muss deshalb als irrig bezeichnet werden. Die sakramentale, vollzogene Ehe kann von niemandem gelöst werden. Die Eheleute versprechen sich bei der Hochzeit die Treue bis zum Tod.

Weiterer gründlicher Studien bedarf allerdings die Frage, ob ungläubige Christen – Getaufte, die nicht oder nicht mehr an Gott glauben – wirklich eine sakramentale Ehe schließen können. Mit anderen Worten: Es ist zu klären, ob wirklich jede Ehe zwischen zwei Getauften ipso facto eine sakramentale Ehe ist. In der Tat weist auch der Kodex darauf hin, dass nur der gültige Ehevertrag zwischen Getauften zugleich Sakrament ist (Vgl. CIC, can. 1055.2). Zum Wesen des Sakraments gehört der Glaube; es bleibt die rechtliche Frage zu klären, welche Eindeutigkeit von Unglaube dazu führt, dass ein Sakrament nicht zustande kommt.

5. Viele behaupten, dass die Haltung der Kirche zur Frage der geschiedenen wiederverheirateten Gläubigen einseitig normativ und nicht pastoral ist.
Eine Reihe von kritischen Einwänden gegen die kirchliche Lehre und Praxis betrifft Fragen pastoraler Art. Man sagt etwa, dass die Sprache der kirchlichen Dokumente zu legalistisch sei, dass die Härte des Gesetzes über dem Verständnis für dramatische menschliche Situationen stehe. Eine solche Sprache könne der Mensch von heute nicht mehr verstehen. Jesus habe ein offenes Ohr für die Nöte aller Menschen gehabt, besonders für jene am Rande der Gesellschaft. Die Kirche hingegen zeige sich eher als Richterin, die verwundete Menschen von den Sakramenten und bestimmten öffentlichen Diensten ausschließt.

Man kann ohne weiteres zugeben, dass die Ausdrucksform des kirchlichen Lehramtes manchmal nicht gerade leicht verständlich erscheint. Diese muss von den Predigern und Katecheten in eine Sprache übersetzt werden, die den Menschen und ihrer jeweiligen kulturellen Umwelt gerecht wird. Der wesentliche Inhalt der kirchlichen Lehre muss dabei allerdings gewahrt bleiben. Er darf nicht aus angeblich pastoralen Gründen verwässert werden, weil er die geoffenbarte Wahrheit wiedergibt. Gewiss ist es schwierig, dem säkularisierten Menschen die Forderungen des Evangeliums verständlich zu machen. Aber diese pastorale Schwierigkeit darf nicht zu Kompromissen mit der Wahrheit führen. Johannes Paul II. hat in der Enzyklika *Veritatis splendor* sogenannte pastorale Lösungen, die im Gegensatz zu lehramtlichen Erklärungen stehen, eindeutig zurückgewiesen (vgl. ebd. 56).

Was die Position des Lehramtes zur Frage der wiederverheirateten geschiedenen Gläubigen anbelangt, muss zudem betont werden, dass die neueren Dokumente der Kirche in sehr ausgewogener Weise die Forderungen der Wahrheit mit jenen der Liebe verbinden. Wenn früher bei der Darlegung der Wahrheit vielleicht gelegentlich die Liebe zu wenig aufleuchtete, so ist heute die Gefahr groß, im Namen der Liebe die Wahrheit zu verschweigen oder zu kompromittieren. Sicherlich kann das Wort der Wahrheit weh tun und unbequem sein. Aber es ist der Weg zur Heilung, zum Frieden, zur inneren Freiheit. Eine Pastoral, die den betroffenen Menschen wirklich helfen will, muss immer in der Wahrheit gründen. Nur das Wahre kann letzten Endes auch pastoral sein. »Dann werdet ihr die Wahrheit erkennen, und die Wahrheit wird euch befreien« (Joh 8,32).

Dokumente

Kongregation für die Glaubenslehre

Schreiben an die Bischöfe der katholischen Kirche über den
Kommunionempfang von wiederverheirateten geschiedenen
Gläubigen vom 14. September 1994

Exzellenz!

1. Das Internationale Jahr der Familie bietet eine wichtige Gelegenheit,
die Zeugnisse der Liebe und der Sorge der Kirche für die Familie wie-
derzuentdecken[1] und zugleich die unschätzbaren Reichtümer der christlichen Ehe, die das Fundament der Familie bildet, erneut vorzulegen.
2. Besondere Aufmerksamkeit verdienen in diesem Zusammenhang die
Schwierigkeiten und Leiden jener Gläubigen, die sich in einer irregulären ehelichen Situation[2] befinden. Die Hirten sind aufgerufen, die Liebe
Christi und die mütterliche Nähe der Kirche spüren zu lassen; sie sollen
sich ihrer in Liebe annehmen, sie ermahnen, auf die Barmherzigkeit Gottes zu vertrauen, und ihnen in kluger und taktvoller Weise konkrete
Wege der Umkehr und der Teilnahme am Leben der kirchlichen Gemeinschaft aufzeigen[3].
3. Im Wissen darum, dass wahres Verständnis und echte Barmherzigkeit niemals von der Wahrheit getrennt sind[4], haben die Hirten die
Pflicht, diesen Gläubigen die Lehre der Kirche bezüglich der Feier der
Sakramente, besonders hinsichtlich des Kommunionempfangs in Erinnerung zu rufen. In diesem Anliegen wurden in den letzten Jahren in
verschiedenen Gegenden unterschiedliche pastorale Lösungen vorgeschlagen, denen zufolge zwar eine allgemeine Zulassung der wiederverheirateten Geschiedenen zur heiligen Kommunion nicht möglich wäre,
sie aber in bestimmten Fällen zum Tisch des Herrn hinzutreten könnten, sofern sie sich in ihrem Gewissensurteil dazu ermächtigt hielten. So
zum Beispiel, wenn sie ganz zu Unrecht verlassen worden wären, obwohl sie sich aufrichtig bemüht hätten, die vorausgehende Ehe zu retten,
oder wenn sie von der Ungültigkeit ihrer vorausgehenden Ehe überzeugt

---

1 Vgl. JOHANNES PAUL II., Brief an die Familien (2. Februar 1994), 3.
2 Vgl. JOHANNES PAUL II., Apost. Schreiben Familiaris consortio, 79–84: AAS 74 (1982)
   ebd. 180–186.
3 Vgl. Ebd., 84: AAS 74 (1982) 185; Brief an die Familien, 5; Katechismus der Katholischen Kirche, 1651.
4 Vgl. PAUL VI., Enzykl. Humanae vitae, 29: AAS 60 (1968) 501; JOHANNES PAUL II.,
   Apost. Schreiben Reconciliatio et paenitentia, 34: AAS 77 (1985) 272; Enzykl. Veritatis splendor, 95: AAS 85 (1993) 1208.

wären, dies aber im äußeren Bereich nicht aufzeigen könnten, oder wenn sie schon einen längeren Weg der Besinnung und der Buße zurückgelegt hätten, oder auch wenn sie aus moralisch ernsthaften Gründen der Verpflichtung zur Trennung nicht nachkommen könnten.

Gewissen Meinungen zufolge müssten die geschiedenen Wiederverheirateten ein Gespräch mit einem klugen und erfahrenen Priester suchen, um ihre tatsächliche Situation objektiv zu prüfen. Dieser Priester hätte aber ihre mögliche Gewissensentscheidung, zur Eucharistie hinzuzutreten, zu respektieren, ohne dass dies eine Zulassung von amtlicher Seite einschlösse.

In diesen und ähnlichen Fällen würde es sich um eine tolerante und wohlwollende pastorale Lösung handeln, um den unterschiedlichen Situationen der wiederverheirateten Geschiedenen gerecht werden zu können.

4. Obwohl bekannt ist, dass von manchen Kirchenvätern ähnliche pastorale Lösungen vorgeschlagen und auch in der Praxis angewandt worden sind, stellten diese doch nie einen Konsens der Väter dar, bildeten in keiner Weise eine gemeinsame Lehre der Kirche und bestimmten nicht deren Disziplin. Es kommt dem universalen Lehramt der Kirche zu, in Treue zur Heiligen Schrift und zur Tradition das Glaubensgut zu verkünden und authentisch auszulegen.

In Anbetracht der neuen, oben erwähnten pastoralen Vorschläge weiß sich diese Kongregation verpflichtet, die Lehre und Praxis der Kirche auf diesem Gebiet erneut in Erinnerung zu rufen. In Treue gegenüber dem Wort Jesu[5] hält die Kirche daran fest, dass sie eine neue Verbindung nicht als gültig anerkennen kann, falls die vorausgehende Ehe gültig war. Wenn Geschiedene zivil wiederverheiratet sind, befinden sie sich in einer Situation, die dem Gesetz Gottes objektiv widerspricht. Darum dürfen sie, solange diese Situation andauert, nicht die Kommunion empfangen[6].

Diese Norm hat nicht den Charakter einer Strafe oder irgendeiner Diskriminierung der wiederverheirateten Geschiedenen, sie bringt vielmehr eine objektive Situation zum Ausdruck, die als solche den Hinzutritt zur heiligen Kommunion unmöglich macht: »Sie stehen insofern selbst ihrer Zulassung im Weg, als ihr Lebensstand und ihre Lebensverhältnisse in objektivem Widerspruch zu jenem Bund der Liebe zwischen Christus und der Kirche sind, den die Eucharistie sichtbar und gegenwärtig macht. Darüber hinaus gibt es noch einen besonderen Grund pastoraler Natur: Ließe man solche Menschen zur Eucharistie zu, bewirkte dies bei den

---

5 Mk 10,11–12: »Wer seine Frau aus der Ehe entlässt und eine andere heiratet, begeht ihr gegenüber Ehebruch. Auch eine Frau begeht Ehebruch, wenn sie ihren Mann aus der Ehe entlässt und einen anderen heiratet«.

6 Vgl. Katechismus der Katholischen Kirche, 1650; vgl. auch ebd., 1640, und KONZIL VON TRIENT, 24. Sitzung: DH 1797–1812.

Gläubigen hinsichtlich der Lehre der Kirche über die Unauflöslichkeit der Ehe Irrtum und Verwirrung«[7].

Für die Gläubigen, die in einer solchen ehelichen Situation leben, wird der Hinzutritt zur heiligen Kommunion ausschließlich durch die sakramentale Lossprechung eröffnet, die »nur denen gewährt werden kann, welche die Verletzung des Zeichens des Bundes mit Christus und der Treue zu ihm bereut und die aufrichtige Bereitschaft zu einem Leben haben, das nicht mehr im Widerspruch zur Unauflöslichkeit der Ehe steht. Das heißt konkret, dass, wenn die beiden Partner aus ernsthaften Gründen – zum Beispiel wegen der Erziehung der Kinder – der Verpflichtung zur Trennung nicht nachkommen können, ›sie sich verpflichten, völlig enthaltsam zu leben, das heißt, sich der Akte zu enthalten, welche Eheleuten vorbehalten sind‹«[8]. In diesem Fall können sie zur heiligen Kommunion hinzutreten, wobei die Pflicht aufrechterhalten bleibt, Ärgernis zu vermeiden.

5. Die Lehre und Disziplin der Kirche auf diesem Gebiet sind in der Zeit nach dem Konzil ausführlich im Apostolischen Schreiben Familiaris consortio vorgelegt worden. Das Mahnschreiben ruft den Hirten unter anderem ins Gedächtnis, dass sie um der Liebe zur Wahrheit willen verpflichtet sind, die verschiedenen Situationen gut zu unterscheiden; es ermahnt sie, die wiederverheirateten Geschiedenen zu ermutigen, an verschiedenen Lebensvollzügen der Kirche teilzunehmen; zugleich bekräftigt es die beständige und allgemeine »auf die Heilige Schrift gestützte Praxis, wiederverheiratete Geschiedene nicht zur eucharistischen Kommunion zuzulassen«[9], und gibt die Gründe dafür an. Die Struktur des Mahnschreibens und der Tenor seiner Worte zeigen klar, dass diese in verbindlicher Weise vorgelegte Praxis nicht aufgrund der verschiedenen Situationen modifiziert werden kann.

6. Gläubige, die wie in der Ehe mit einer Person zusammenleben, die nicht ihre rechtmäßige Ehegattin oder ihr rechtmäßiger Ehegatte ist, dürfen nicht zur heiligen Kommunion hinzutreten. Im Falle, dass sie dies für möglich hielten, haben die Hirten und Beichtväter wegen der Schwere der Materie und der Forderungen des geistlichen Wohls der betreffenden Personen[10] und des Allgemeinwohls der Kirche die ernste Pflicht, sie zu ermahnen, dass ein solches Gewissensurteil in offenem Gegensatz

---

7 JOHANNES PAUL II., Apost. Schreiben Familiaris consortio, 84: AAS 74 (1982) 185–186.
8 Ebd., 84: AAS 74 (1982) 186; vgl. JOHANNES PAUL II., Homilie zum Abschluss der VI. Bischofssynode, 7: AAS 72 (1980) 1082.
9 JOHANNES PAUL II., Apost. Schreiben Familiaris consortio, 84: AAS 74 (1982) 185.
10 Vgl. 1 Kor 11, 27–29.

zur Lehre der Kirche steht[11]. Sie müssen diese Lehre zudem allen ihnen anvertrauten Gläubigen in Erinnerung rufen.

Dies bedeutet nicht, dass der Kirche die Situation dieser Gläubigen nicht am Herzen läge, die im übrigen nicht von der kirchlichen Gemeinschaft ausgeschlossen sind. Die Kirche bemüht sich um ihre pastorale Begleitung und lädt sie ein, am kirchlichen Leben innerhalb der Grenzen teilzunehmen, in denen dies mit den Voraussetzungen des göttlichen Rechts vereinbar ist, über welche die Kirche keinerlei Dispensgewalt besitzt[12]. Andererseits ist es notwendig, den betreffenden Gläubigen klarzumachen, dass ihre Teilnahme am Leben der Kirche nicht allein auf die Frage des Kommunionempfangs reduziert werden darf. Den Gläubigen muss geholfen werden, zu einem tieferen Verständnis vom Wert der Teilnahme am eucharistischen Opfer Christi, der geistlichen Kommunion[13], des Gebetes, der Betrachtung des Wortes Gottes, der Werke der Nächstenliebe und der Gerechtigkeit zu gelangen[14].

7. Die irrige Überzeugung von wiederverheirateten Geschiedenen, zum eucharistischen Tisch hinzutreten zu dürfen, setzt normalerweise voraus, dass dem persönlichen Gewissen die Macht zugeschrieben wird, in letzter Instanz auf der Grundlage der eigenen Überzeugung[15] über das Bestehen oder Nichtbestehen der vorausgehenden Ehe und über den Wert der neuen Verbindung zu entscheiden. Eine solche Auffassung ist jedoch unzulässig[16]. Die Ehe stellt nämlich wesentlich eine öffentliche Wirklichkeit dar, weil sie das Abbild der bräutlichen Vereinigung zwischen Christus und seiner Kirche ist und die Urzelle und einen wichtigen Faktor im Leben der staatlichen Gesellschaft bildet.

8. Es ist gewiss wahr, dass das Urteil, ob die Voraussetzungen für einen Hinzutritt zur Eucharistie gegeben sind, vom richtig geformten Gewissen getroffen werden muss. Es ist aber ebenso wahr, dass der Konsens, der die Ehe konstituiert, nicht eine bloße Privatentscheidung ist, weil er für jeden Partner und das Ehepaar eine spezifisch kirchliche und soziale Situation konstituiert. Das Gewissensurteil über die eigene eheliche Situation betrifft daher nicht nur die unmittelbare Beziehung zwischen

---

11 Vgl. Codex des kanonischen Rechtes, can. 978 § 2.

12 Vgl. Katechismus der Katholischen Kirche, 1640.

13 Vgl. KONGREGATION FÜR DIE GLAUBENSLEHRE, Schreiben an die Bischöfe der katholischen Kirche über einige Fragen bezüglich des Dieners der Eucharistie, III/4: AAS 75 (1983) 1007; HL. THERESIA VON AVILA, Weg der Vollkommenheit, 35, 1; HL. ALFONS M. VON LIGUORI, Besuchungen des Allerheiligsten Altarsakramentes und der Gottesmutter.

14 Vgl. JOHANNES PAUL II., Apost. Schreiben Familiaris consortio, 84: AAS 74 (1982) 185.

15 Vgl. JOHANNES PAUL II., Enzykl. Veritatis splendor, 55: AAS 85 (1993) 1178.

16 Vgl. Codex des kanonischen Rechtes, can. 1085 § 2.

Mensch und Gott, als ob man ohne die kirchliche Vermittlung, die auch die im Gewissen verbindlichen kanonischen Normen einschließt, auskommen könnte. Diesen wichtigen Aspekt nicht zu beachten, würde bedeuten, die Ehe faktisch als Wirklichkeit der Kirche, das heißt als Sakrament, zu leugnen.

9. Indem das Apostolische Schreiben Familiaris consortio die Hirten darüber hinaus einlädt, die verschiedenen Situationen der wiederverheirateten Geschiedenen gut zu unterscheiden, erinnert es auch an den Zustand jener, die die subjektive Gewissensüberzeugung haben, dass die frühere, unheilbar zerstörte Ehe niemals gültig war[17]. Es ist unbedingt auf dem von der Kirche festgelegten Weg des äußeren Bereichs zu prüfen, ob es sich objektiv um eine ungültige Ehe handelt. Während die Disziplin der Kirche die ausschließliche Kompetenz der Ehegerichte bezüglich der Prüfung der Gültigkeit der Ehe von Katholiken bekräftigt, bietet sie auch neue Wege, um die Ungültigkeit einer vorausgehenden Verbindung zu beweisen, und zwar mit dem Ziel, jede Abweichung der Wahrheit, die im prozessualen Weg nachweisbar ist, von der objektiven, vom rechten Gewissen erkannten Wahrheit so weit wie möglich auszuschließen[18].

Das Befolgen des Urteils der Kirche und die Beobachtung der geltenden Disziplin bezüglich der Verbindlichkeit der für eine gültige Ehe unter Katholiken notwendigen kanonischen Form ist das, was dem geistlichen Wohl der betroffenen Gläubigen wahrhaft nützt. Die Kirche ist nämlich der Leib Christi, und Leben in der kirchlichen Gemeinschaft ist Leben im Leib Christi und Sich-Nähren vom Leib Christi. Beim Empfang des Sakramentes der Eucharistie kann die Gemeinschaft mit Christus, dem Haupt, niemals von der Gemeinschaft mit seinen Gliedern, d. h. mit seiner Kirche getrennt werden. Deshalb ist das Sakrament unserer Vereinigung mit Christus auch das Sakrament der Einheit der Kirche. Ein Kommunionempfang im Gegensatz zu den Normen der kirchlichen Gemeinschaft ist deshalb ein in sich widersprüchlicher Akt. Die sakramentale Gemeinschaft mit Christus beinhaltet den Gehorsam gegenüber der Ordnung der kirchlichen Gemeinschaft, auch wenn dies manchmal schwierig sein kann, und setzt diesen voraus; sie kann nicht in rechter und fruchtbarer Weise erfolgen, wenn ein Glaubender, der sich Christus direkt nähern möchte, diese Ordnung nicht wahrt.

---

17 Vgl. Johannes Paul II., Apost. Schreiben Familiaris consortio, 84: AAS 74 (1982) 185.
18 Vgl. Codex des kanonischen Rechtes, cann. 1536 § 2 und 1679, sowie Codex für die Orientalischen Kirchen, cann. 1217 § 2 und 1365 über die Beweiskraft, die die Erklärungen der Parteien in solchen Prozessen haben.

10. In Übereinstimmung mit dem bisher Gesagten soll ohne Einschränkung der Wunsch der Bischofssynode verwirklicht werden, den sich Papst Johannes Paul II. zu eigen gemacht hat und der mit Einsatz und lobenswerten Initiativen von seiten der Bischöfe, Priester, Ordensleute und Laien aufgegriffen worden ist: nämlich in fürsorgender Liebe alles zu tun, was die Gläubigen, die sich in einer irregulären ehelichen Situation befinden, in der Liebe zu Christus und zur Kirche bestärken kann. Nur so wird es ihnen möglich sein, die Botschaft von der christlichen Ehe uneingeschränkt anzuerkennen und die Not ihrer Situation aus dem Glauben zu bestehen. Die Pastoral wird alle Kräfte einsetzen müssen, um glaubhaft zu machen, dass es nicht um Diskriminierung geht, sondern einzig um uneingeschränkte Treue zum Willen Christi, der uns die Unauflöslichkeit der Ehe als Gabe des Schöpfers zurückgegeben und neu anvertraut hat. Das Mit-Leiden und Mit-Lieben der Hirten und der Gemeinschaft der Gläubigen ist nötig, damit die betroffenen Menschen auch in ihrer Last das süße Joch und die leichte Bürde Jesu erkennen können[19]. Süß und leicht ist ihre Bürde nicht dadurch, dass sie gering und unbedeutend wäre, sondern sie wird dadurch leicht, dass der Herr – und mit ihm die ganze Kirche – sie mitträgt. Zu dieser eigentlichen, in der Wahrheit wie in der Liebe gleichermaßen gründenden Hilfe hinzuführen, ist die Aufgabe der Pastoral, die mit aller Hingabe angegangen werden muss. Verbunden im kollegialen Einsatz, die Wahrheit Jesu Christi im Leben und in der Praxis der Kirche aufleuchten zu lassen, bin ich in Christus Ihr

Joseph Kardinal Ratzinger
Präfekt

+ Alberto Bovone
Tit.-Erzbischof von Cäsarea in Numidien
Sekretär

Papst Johannes Paul II. hat in einer dem Kardinalpräfekten gewährten Audienz das vorliegende Schreiben, das in der Ordentlichen Versammlung dieser Kongregation beschlossen worden war, gebilligt und zu veröffentlichen angeordnet.

Rom, am Sitz der Kongregation für die Glaubenslehre, den 14. September 1994, am Fest Kreuzerhöhung.

---

19 Vgl. Mt 11,30.

Johannes Paul II.

Apostolisches Schreiben Familiaris consortio an die Bischöfe,
die Priester und Gläubigen der ganzen Kirche über die Aufgaben
der christlichen Familie in der Welt von heute vom
22. November 1981, Nr. 84, Wiederverheiratete Geschiedene

84. Die tägliche Erfahrung zeigt leider, dass derjenige, der sich scheiden lässt, meist an eine neue Verbindung denkt, natürlich ohne katholische Trauung. Da es sich auch hier um eine weitverbreitete Fehlentwicklung handelt, die mehr und mehr auch katholische Bereiche erfasst, muss dieses Problem unverzüglich aufgegriffen werden. Die Väter der Synode haben es ausdrücklich behandelt. Die Kirche, die dazu gesandt ist, um alle Menschen und insbesondere die Getauften zum Heil zu führen, kann diejenigen nicht sich selbst überlassen, die eine neue Verbindung gesucht haben, obwohl sie durch das sakramentale Eheband schon mit einem Partner verbunden sind. Darum wird sie unablässig bemüht sein, solchen Menschen ihre Heilsmittel anzubieten.

Die Hirten mögen beherzigen, dass sie um der Liebe willen zur Wahrheit verpflichtet sind, die verschiedenen Situationen gut zu unterscheiden. Es ist ein Unterschied, ob jemand trotz aufrichtigen Bemühens, die frühere Ehe zu retten, völlig zu Unrecht verlassen wurde oder ob jemand eine kirchlich gültige Ehe durch eigene schwere Schuld zerstört hat. Wieder andere sind eine neue Verbindung eingegangen im Hinblick auf die Erziehung der Kinder und haben manchmal die subjektive Gewissensüberzeugung, dass die frühere, unheilbar zerstörte Ehe niemals gültig war.

Zusammen mit der Synode möchte ich die Hirten und die ganze Gemeinschaft der Gläubigen herzlich ermahnen, den Geschiedenen in fürsorgender Liebe beizustehen, damit sie sich nicht als von der Kirche getrennt betrachten, da sie als Getaufte an ihrem Leben teilnehmen können, ja dazu verpflichtet sind. Sie sollen ermahnt werden, das Wort Gottes zu hören, am heiligen Messopfer teilzunehmen, regelmäßig zu beten, die Gemeinde in ihren Werken der Nächstenliebe und Initiativen zur Förderung der Gerechtigkeit zu unterstützen, die Kinder im christlichen Glauben zu erziehen und den Geist und die Werke der Buße zu pflegen, um so von Tag zu Tag die Gnade Gottes auf sich herabzurufen. Die Kirche soll für sie beten, ihnen Mut machen, sich ihnen als barmherzige Mutter erweisen und sie so im Glauben und in der Hoffnung stärken.

Die Kirche bekräftigt jedoch ihre auf die Heilige Schrift gestützte Praxis, wiederverheiratete Geschiedene nicht zum eucharistischen Mahl zuzulassen. Sie können nicht zugelassen werden; denn ihr Lebensstand und ihre Lebensverhältnisse stehen in objektivem Widerspruch zu jenem Bund der Liebe zwischen Christus und der Kirche, den die Eucharistie sichtbar und gegenwärtig macht. Darüber hinaus gibt es noch einen besonderen Grund pastoraler Natur: Ließe man solche Menschen zur Eucharistie zu, bewirkte dies bei den Gläubigen hinsichtlich der Lehre der Kirche über die Unauflöslichkeit der Ehe Irrtum und Verwirrung.

Die Wiederversöhnung im Sakrament der Buße, das den Weg zum Sakrament der Eucharistie öffnet, kann nur denen gewährt werden, welche die Verletzung des Zeichens des Bundes mit Christus und der Treue zu ihm bereut und die aufrichtige Bereitschaft zu einem Leben haben, das nicht mehr im Widerspruch zur Unauflöslichkeit der Ehe steht. Das heißt konkret, dass, wenn die beiden Partner aus ernsthaften Gründen – zum Beispiel wegen der Erziehung der Kinder – der Verpflichtung zur Trennung nicht nachkommen können, »sie sich verpflichten, völlig enthaltsam zu leben, das heißt, sich der Akte zu enthalten, welche Eheleuten vorbehalten sind«[1].

Die erforderliche Achtung vor dem Sakrament der Ehe, vor den Eheleuten selbst und deren Angehörigen wie auch gegenüber der Gemeinschaft der Gläubigen verbietet es jedem Geistlichen, aus welchem Grund oder Vorwand auch immer, sei er auch pastoraler Natur, für Geschiedene, die sich wiederverheiraten, irgendwelche liturgischen Handlungen vorzunehmen. Sie würden ja den Eindruck einer neuen sakramental gültigen Eheschließung erwecken und daher zu Irrtümern hinsichtlich der Unauflöslichkeit der gültig geschlossenen Ehe führen.

Durch diese Haltung bekennt die Kirche ihre eigene Treue zu Christus und seiner Wahrheit; zugleich wendet sie sich mit mütterlichem Herzen diesen ihren Söhnen und Töchtern zu, vor allem denen, die ohne ihre Schuld von ihrem rechtmäßigen Gatten verlassen wurden.

Die Kirche vertraut fest darauf, dass auch diejenigen, die sich vom Gebot des Herrn entfernt haben und noch in einer solchen Situation leben, von Gott die Gnade der Umkehr und des Heils erhalten können, wenn sie ausdauernd geblieben sind in Gebet, Buße und Liebe.

---

1 JOHANNES PAUL II., Homilie zum Abschluss der VI. Bischofssynode (25.10.1980), 7: AAS 72 (1980) 1082.

Johannes Paul II.

Überlegungen zur Seelsorge für die wiederverheirateten Geschiedenen. Ansprache während der Vollversammlung des Päpstlichen Rates für die Familie am 24. Januar 1997

Meine Herren Kardinäle, geliebte Brüder im Bischofsamt, liebe Brüder und Schwestern!

1. Mit Freude empfange und begrüße ich euch zur Vollversammlung des Päpstlichen Rates für die Familie. Ich danke dem Präsidenten, Alfonso Kardinal López Trujillo, für seine liebenswürdigen Worte zur Eröffnung dieses überaus wichtigen Treffens. Das Thema eurer Reflexionen: »Die Pastoral der wiederverheirateten Geschiedenen«, steht heute im Mittelpunkt der Aufmerksamkeit und Fürsorge der Kirche wie auch der Seelsorger, die ihre pastoralen Bemühungen unablässig denjenigen zuwenden, die unter schwierigen familiären Verhältnissen leiden.

Die Kirche kann diesem schmerzlichen Problem, von dem viele ihrer Kinder betroffen sind, nicht gleichgültig gegenüberstehen. Da es sich hier um einen in zunehmendem Maße auch katholische Bereiche erfassenden Missstand handelt, betonte ich bereits in meinem Apostolischen Schreiben Familiaris consortio, dass »dieses Problem unverzüglich aufgegriffen werden muss« (vgl. Nr. 84). Als Mutter und Lehrerin bemüht sich die Kirche um das Wohl und die Glückseligkeit der Familiengemeinschaften; sie leidet, wenn diese aus irgendwelchen Gründen zerstört werden, und versucht, in voller Treue zur Lehre Christi den betroffenen Personen durch ihren pastoralen Beistand zu helfen.

2. Die Bischofssynode über das Thema der Familie von 1980 hat sich mit dieser traurigen Situation befasst und entsprechende pastorale Richtlinien für derartige Verhältnisse gegeben. Die Reflexionen der Konzilsväter berücksichtigend, schrieb ich in meinem Apostolischen Schreiben Familiaris consortio: »Die Kirche, die dazu gesandt ist, um alle Menschen und insbesondere die Getauften zum Heil zu führen, kann diejenigen nicht sich selbst überlassen, die eine neue Verbindung gesucht haben, obwohl sie durch das sakramentale Eheband schon mit einem Partner verbunden sind. Darum wird sie unablässig bemüht sein, solchen Menschen ihre Heilsmittel anzubieten« (Nr. 84).

Wie ihr bereits im Arbeitsprogramm dieser Vollversammlung betont habt, müssen eure gemeinsamen Überlegungen in diesen eindeutig pastoralen Bereich eingeordnet werden, um den Familien zu helfen, die große Bedeutung ihrer Taufberufung zu erkennen und die Werke der Barmherzigkeit, der Nächstenliebe und Buße zu leben. Pastorale Unterstützung setzt jedoch die Anerkennung der im Katechismus eindeutig dargelegten kirchlichen Lehre voraus: »Es liegt nicht in der Macht der Kirche, sich gegen diese Verfügung der göttlichen Weisheit auszusprechen« (Nr. 1640).

Diese Männer und Frauen sollen wissen, dass die Kirche sie liebt, dass sie ihnen nicht fern ist, dass sie an ihrer Situation leidet. Die wiederverheirateten Geschiedenen sind und bleiben ihre Mitglieder, weil sie die Taufe empfangen haben und den christlichen Glauben bewahren. Eine neue Verbindung nach der Scheidung stellt jedoch eine moralische Unordnung dar, die im Widerspruch zu präzisen Anforderungen des Glaubens steht. Das darf aber nicht den Einsatz des Gebets und das tätige Zeugnis der Liebe verhindern.

3. Wie ich im Apostolischen Schreiben Familiaris consortio schrieb, können wiederverheiratete Geschiedene nicht zur Eucharistischen Kommunion zugelassen werden, »denn ihr Lebensstand und ihre Lebensverhältnisse stehen in objektivem Widerspruch zu jenem Bund der Liebe zwischen Christus und der Kirche, den die Eucharistie sichtbar und gegenwärtig macht« (Nr. 84). Und das kraft der Autorität des Herrn selbst, des Hirten der Hirten, der stets auf die Suche nach seinen Schafen geht. Das gilt auch für die Buße, deren zweifache und einheitliche Bedeutung der Umkehr und der Versöhnung im Widerspruch steht zur Lebensbedingung von wiederverheirateten Geschiedenen, die in diesem Status verbleiben.

Dennoch fehlt es nicht an geeigneten pastoralen Wegen, diesen Personen entgegenzukommen. Die Kirche sieht ihre Leiden und die großen Schwierigkeiten, in denen sie sich befinden. In ihrer mütterlichen Liebe kümmert sie sich um sie nicht weniger als um die Kinder ihrer früheren Ehe. Des angeborenen Rechts auf die Anwesenheit beider Eltern beraubt, sind sie die ersten Opfer solch schmerzlicher Umstände.

Man muss daher vor allem mit Nachdruck eine Pastoral der Vorbereitung und der rechtzeitigen Unterstützung für Paare im Augenblick der Krise entwickeln. Es geht um die Verkündung der Ehe als Geschenk und Gebot Christi. Die Hirten, insbesondere die Pfarrer, sollten diese Männer und Frauen mit offenem Herzen begleiten und unterstützen und ihnen verständlich machen, dass sie trotz der Verletzung des ehelichen Bündnisses nicht die Hoffnung auf die Gnade Gottes, der über ihren Weg wacht, aufgeben dürfen. Die Kirche muss stets »ihre Söhne und Töchter, die sich in jener schmerzlichen Lage befinden, nur dazu einladen, sich auf anderen Wegen der Barmherzigkeit Gottes zu nähern, [...] solange sie die erforderlichen Voraussetzungen noch nicht erfüllt haben« (Reconciliatio et paenitentia,

Nr. 34). Die Hirten »sind aufgerufen, die Liebe Christi und die mütterliche Nähe der Kirche spüren zu lassen; sie sollen sich ihrer in Liebe annehmen, sie ermahnen, auf die Barmherzigkeit Gottes zu vertrauen, und ihnen in kluger und taktvoller Weise konkrete Wege der Umkehr und der Teilnahme am Leben der kirchlichen Gemeinschaft aufzeigen« (Schreiben der Kongregation für die Glaubenslehre über den Kommunionsempfang von wiederverheirateten geschiedenen Gläubigen, 14. September 1994, Nr. 2). In seiner großen Barmherzigkeit geht der Herr mit der Forderung nach Wahrheit wie auch mit dem Öl der Nächstenliebe allen Hilfsbedürftigen entgegen.

4. Könnten wir demnach unterlassen, die Lebensverhältnisse vieler Menschen mit Sorge zu verfolgen, die, insbesondere in den hochentwickelten Industrienationen, aufgrund der Trennung allein geblieben sind, vor allem dann, wenn es sich um Personen handelt, die nicht für das Scheitern ihrer Ehe verantwortlich gemacht werden können?

Wenn ein in irregulärer Situation lebendes Ehepaar zur christlichen Praxis zurückfindet, muss es unbedingt mit Liebe und Wohlwollen aufgenommen und in erleuchteter und erleuchtender pastoraler Arbeit unterstützt werden, um die konkreten Umstände seiner Situation zu klären. Diese Pastoral der brüderlichen, dem Evangelium entsprechenden Aufnahme ist für diejenigen von großer Bedeutung, die den Kontakt zur Kirche verloren haben: Sie ist der erste erforderliche Schritt für ihre Eingliederung in die christliche Praxis. Sie sollten bestärkt werden, das Wort Gottes zu hören und regelmäßig zu beten; man muss sie in die Werke der Nächstenliebe der christlichen Gemeinde für die Armen und Notleidenden einbeziehen und durch Werke der Reue den Geist der Buße anregen, um ihre Herzen für die Aufnahme der göttlichen Gnade vorzubereiten.

Ein wichtiges Kapitel bezieht sich auf die menschliche und christliche Erziehung der Kinder der neuen ehelichen Verbindung. Ihre Teilhabe am vollen Bedeutungsgehalt der Weisheit des Evangeliums, der kirchlichen Lehre entsprechend, bereitet die Herzen ihrer Eltern auf wunderbare Weise für den Empfang der notwendigen Kraft und Klarheit vor, um die wirklichen Schwierigkeiten auf ihrem Weg überwinden zu können und jene volle Transparenz des Geheimnisses Christi zurückzuerlangen, das die christliche Ehe sichtbar und gegenwärtig macht. Auch die anderen mehr oder weniger eng mit der Familie verbundenen Mitglieder haben eine besondere, schwierige, aber notwendige Aufgabe. Mögen sie durch ihre Nähe, die jedoch nicht mit Nachsichtigkeit verwechselt werden sollte, ihre Angehörigen und ganz besonders deren Kinder unterstützen, die aufgrund ihres jugendlichen Alters die Hauptleidtragenden der Situation der Eltern sind. Liebe Brüder und Schwestern, ich möchte euch heute von ganzem Herzen empfehlen, all denen gegenüber zuversichtlich zu sein, die unter solch dramatischen und schmerzlichen Umständen leben. Nie dürfen wir müde werden, »gegen alle Hoffnung voll Hoffnung zu glauben« (vgl. Röm 4,18), dass auch diejenigen, die sich vom Gebot des Herrn entfernt haben, von Gott die Gnade des Heils erhalten können, wenn sie ausdauernd geblieben sind in Gebet, Buße und wahrer Liebe.

5. Abschließend möchte ich euch für eure Mitarbeit zur Vorbereitung des zweiten Weltfamilientreffens danken, das am 4. und 5. Oktober dieses Jahres in Rio de Janeiro stattfinden wird. Ferner richte ich an alle Familien in der Welt meinen väterlichen Aufruf, dieses Treffen im Gebet und in der Betrachtung vorzubereiten. Für jene Familien, die nicht an diesem Ereignis teilnehmen können, ist meines Wissens ein für alle nützliches Hilfsmittel vorbereitet worden: es handelt sich um Katechesen zu einer klaren Sichtweise von Pfarrgemeindegruppen, Vereinigungen und Familienbewegungen, durch die eine angemessene Verinnerlichung der großen, die Familie betreffenden Themen bewirkt werden soll.

Seid versichert, stets in meinem Gebet zugegen zu sein, damit eure Arbeit dazu beitragen möge, dem Sakrament der Ehe all jene Freude und immerwährende Frische zurückzugeben, die der Herr ihm durch seine Erhebung zur Würde des Sakraments verliehen hat.

Möget ihr großherzige und aufmerksame Zeugen der kirchlichen Sorge für die Familien sein. Von ganzem Herzen erteile ich euch und allen euch nahestehenden Personen meinen Segen.

Kommentare und Studien

DIONIGI TETTAMANZI

Treue in der Wahrheit

Das Schreiben der Kongregation für die Glaubenslehre legt seinen Inhalt in so klarer und unmittelbar einsichtiger Weise dar, dass es eigentlich keiner besonderen Erläuterung bedarf. Das zehn Nummern umfassende Schreiben ist in drei Abschnitte gegliedert. Der erste Abschnitt besteht aus einer kurzen *Einleitung*, die das behandelte Thema in den Kontext der pastoralen Sorge der Kirche für die Ehe und die Familie stellt (Nr. 1–2). Der zweite und längste Abschnitt (Nr. 3–9) bildet den *Hauptteil* des Schreibens: Gegenüber bestimmten »toleranten und wohlwollenden« pastoralen Lösungen (Nr. 3) rechtfertigt und bekräftigt das Schreiben die Lehre und Praxis der Kirche hinsichtlich des Kommunionempfangs vonseiten Gläubiger, die nach einer Scheidung wieder geheiratet haben (Nr. 4–5); es ist diese Lehre und Praxis, die den Dienst der Hirten und Beichtväter inspirieren und leiten muss (Nr. 6) in Bezug auf das persönliche Gewissensurteil über eine eheliche Situation, die eine wesentliche kirchliche Dimension hat (Nr. 7–9). Der *Schluss* des Schreibens fordert alle zu einem pastoralen Handeln auf, das gleichermaßen in der Wahrheit wie in der Liebe gegründet ist (Nr. 10).

AUFGERUFEN, DIE LIEBE CHRISTI SPÜREN ZU LASSEN

Die Kirche, die seit jeher in ihrer Pastoral um die Ehe und die Familie Sorge trägt, sieht im Internationalen Jahr der Familie eine besonders wichtige Gelegenheit, »die unschätzbaren Reichtümer der christlichen Ehe, die das Fundament der Familie bildet, erneut vorzulegen« (Nr. 1). Eben diese »Reichtümer« machen das Problem der Schwierigkeiten und der Leiden jener Gläubigen, die sich in einer irregulären ehelichen Situation befinden, noch dringlicher. Das Problem betrifft auch die Hirten: Sie »sind aufgerufen, die Liebe Christi und die mütterliche Nähe der Kirche spüren zu lassen« (Nr. 2).
Mit diesen wenigen, gleichermaßen bescheidenen und anspruchsvollen Worten werden die *Quelle* und das ursprüngliche und entscheidende *Kriterium des pastoralen Handelns* der Kirche angezeigt: die Liebe Christi, genauer, die Liebe, die der Herr Jesus mit der Ausgießung des Heiligen Geistes der Kirche schenkt und sie als seine Braut und als Mutter der Christen schafft und bestätigt. Schon das Apostolische Schreiben *Familiaris consortio*, das dazu einlädt, an diese Probleme »nach dem Maßstab

des Herzens Jesu« (Nr. 65) heranzugehen, hat in evangelischer Schlichtheit und eben dadurch mit unmissverständlicher Klarheit und Präzision an das einzige wirkliche Kriterium der Pastoral erinnert: In Jesus Christus, und damit in seiner Kirche, ist die Liebe nie getrennt von der Wahrheit, weil die Wahrheit sich als Quelle und Kraft, Inhalt und Frucht der Liebe selbst setzt. Wie der Apostel sagt: Die Liebe »freut sich nicht über das Unrecht, sondern freut sich an der Wahrheit« (1 Kor 13,6). In dieser Perspektive – die übrigens von Paul VI. mit der Enzyklika *Humanae vitae* und von Johannes Paul II. mit dem Apostolischen Schreiben *Reconciliatio et paenitentia* und mit der Enzyklika *Veritatis splendor* eingenommen wurde – bekräftigt das Schreiben noch einmal, »dass wahres Verständnis und echte Barmherzigkeit niemals von der Wahrheit getrennt sind« (Nr. 3).

Daraus ergibt sich direkt die klare Pflicht der Hirten, den Gläubigen, die sich in einer irregulären ehelichen Situation befinden, »die Lehre der Kirche bezüglich der Feier der Sakramente, besonders hinsichtlich des Kommunionempfangs in Erinnerung zu rufen«. Hingegen ist allgemein bekannt, welche pastorale Praxis »in den letzten Jahren in verschiedenen Gegenden« geübt wurde: Während man eine *allgemeine* Zulassung der wiederverheirateten Geschiedenen zur Eucharistie ausschließt, ließ man sie aber »*in bestimmten Fällen* [...], sofern sie sich in ihrem Gewissensurteil dazu ermächtigt hielten«, zur Eucharistie hinzutreten (Nr. 3).

Um welche Fälle handelt es sich? Das Schreiben will keine vollständige Aufzählung geben. Es beschränkt sich auf einige Beispiele, die am weitesten verbreitet sind und auf die man sich am öftesten beruft. Es sind folgende Fälle: 1. der Fall des ungerecht verlassenen Gatten, trotz seiner ernsthaften Bemühung, die Ehe zu retten; 2. dass jemand von der Nichtigkeit der vorausgehenden Ehe überzeugt ist, dies aber im *Forum externum* nicht beweisen kann; 3. diejenigen, die schon »einen längeren Weg der Besinnung und der Buße zurückgelegt« haben; 4. jemand, der aus moralisch ernsthaften Gründen der Verpflichtung zur Trennung nicht nachkommen könne. Die »pastorale Lösung«, die von einigen Seiten als »tolerant und wohlwollend« vorgeschlagen wurde, stützt sich grundlegend auf das *Gewissensurteil* der Betroffenen selbst, die aber ihre tatsächliche Situation in einem »Gespräch mit einem klugen und erfahrenen Priester« geprüft haben; im Einzelfall sei Letzterer aber gehalten, »ihre mögliche Gewissensentscheidung, zur Eucharistie hinzuzutreten, zu respektieren, ohne dass dies eine Zulassung von amtlicher Seite einschlösse« (Nr. 3).

In Anbetracht dieser »neuen pastoralen Vorschläge« hält die Kongregation es für ihre Pflicht, die diesbezügliche Lehre und Praxis der Kirche in Erinnerung zu rufen, denn: »Es kommt dem universalen Lehramt der Kirche zu, in Treue zur Heiligen Schrift und zur Tradition das *Glaubensgut* zu verkünden und authentisch auszulegen« (Nr. 4). An der zitierten Stelle ist der Begriff »Treue« hervorzuheben, der unmittelbar darauf wiederkehrt: »In Treue gegenüber dem Wort Jesu hält die Kirche daran fest [...]«. Es ist ein höchst vielsagender Begriff mit einer theologischen Wertigkeit von besonderer Dichte. Er verweist – implizit, aber klar – auf die *Kirche als »Braut« Christi,* die als solche von ihm mit Gnade reich beschenkt und mit dem Gebot der *Treue* bedacht wird. Die erste Treue besteht nun aber im Hören des Wortes Christi – des Wortes, das Christus selbst ist –, in der Aufnahme des Evangeliums: Die Kirche ist Schülerin der Wahrheit, und in dem Maß, in dem sie das ist, wird sie zur Lehrerin. Ja, die Kirche ist »Jungfrau und Braut«, wobei die Jungfräulichkeit Treue zur Lehre Christi besagt, die in ihrer Unversehrtheit, in ihrer Reinheit gehört wird. Grundlegend ist die gehorsame Liebe der Kirche gegenüber Christus, ihrem Bräutigam und Herrn.

Es ist die Treue gegenüber dem Wort Jesu Christi, die die Kirche daran festhalten lässt, »dass sie eine neue Verbindung nicht als gültig anerkennen kann, falls die vorausgehende Ehe gültig war. Wenn Geschiedene zivil wiederverheiratet sind, befinden sie sich in einer Situation, die dem Gesetz Gottes objektiv widerspricht. Darum dürfen sie, solange diese Situation andauert, nicht die Kommunion empfangen« (Nr. 4). Die Lehre betrifft also (1) die Unauflöslichkeit der Ehe (vgl. Mk 10,11–12), (2) den objektiven Widerspruch zwischen der Situation der wiederverheirateten Geschiedenen und dem Gesetz Gottes und (3) die Unmöglichkeit, dass sie die Kommunion empfangen.

Die letzte Aussage gestaltet sich als eine *Norm:* eine Norm, die sich von der Wahrheit herleitet und die Lebenserfordernisse ausdrückt, die die Wahrheit enthält; eine Norm, die die Freiheit an die Wahrheit bindet, die getan werden muss. In unserem Fall bedeutet das: *Die Norm ergibt sich aus der zweifachen Wahrheit der Sakramente und der Lebenssituation der Geschiedenen, die wieder geheiratet haben.* Die Sakramente Jesu Christi haben ihre eigene Wahrheit, eine Bedeutung oder einen *Logos,* der ihnen eigen ist, und sie müssen deshalb in Kohärenz mit diesem *Logos* gefeiert werden. Die existenzielle Wahrheit der wiederverheirateten Geschiedenen ist die Wahrheit einer Lebenssituation, die sowohl die zivile Scheidung als auch die neue zivile Ehe beinhaltet: Insofern sie geschieden sind, haben sie das unauflösliche Eheband zerrissen (haben »versucht«, es zu zerreißen), insofern sie wieder geheiratet haben, haben sie ein neues Eheband geknüpft (zu knüpfen »versucht«). Aus der Gegenüberstellung dieser beiden Wahrheiten ergibt sich jetzt unmittelbar ihre Unvereinbarkeit. Es wird nämlich dem *Sinn der Sakramente* – der vollen Gemeinschaft mit Christus und mit der Kirche – *widersprochen vom Sinn der aktuellen Lebenssituation der wiederverheirateten Geschiedenen,* die durch das »Zertrennen« des Ehebandes und die Institutionalisierung dieser Zertrennung durch die neue Verbindung nicht in voller Gemeinschaft mit Christus und mit der Kirche stehen. Den wiederverheirateten Geschiedenen, die darin verharren, die Sakramente zu spenden, heißt, eine »sakramentale Sprache« zu gebrauchen, die von der »existenziellen Sprache« widerrufen wird, sodass die sakramentalen Zeichen letztlich das »Gegenteil« von dem sagen, was ihr wahrer Inhalt ist, und so zu »falschen und verfälschenden« Zeichen werden.

In diesem Sinn ist die in Erinnerung gerufene Norm weder äußerlich noch hat sie »den Charakter einer Strafe oder irgendeiner Diskriminierung der wieder verheirateten Geschiedenen«, sondern sie ist der Situation innewohnend, sie ergibt sich aus der den Sakramenten eigenen Natur und ihrem Sinn. Wie Johannes Paul II. im Apostolischen Schreiben *Familiaris consortio* festgestellt hat, befinden sich die wieder verheirateten Geschiedenen in einer Situation, dass sie nicht zur eucharistischen Kommunion zugelassen werden können, denn »ihr Lebensstand und ihre Lebensverhältnisse stehen in objektivem Widerspruch zu jenem Bund der Liebe zwischen Christus und der Kirche, den die Eucharistie sichtbar und gegenwärtig macht« (Nr. 84).

Wie leicht zu sehen ist, geht es auch um die Treue der Braut Kirche, die sich nicht nur im Bereich der Lehre, sondern auch in der Praxis verwirklicht. Die Kirche ist Christus treu, der sich im Wort und im Sakrament gegenwärtig setzt, und sie ist seiner Lehre und seinem Gebot gehorsam. Die Treue der Kirche ist eine und identisch gegenüber der Wahrheit und ihren Lebenssituationen. Insbesondere findet die lehramtliche Treue der Kirche ihre Erfüllung in der Feier der Sakramente, wie *Familiaris consortio* hervorhebt: »Ließe man solche Menschen zur Eucharistie zu, bewirkte dies bei den Gläubigen hinsichtlich der Lehre der Kirche über die Unauflöslichkeit der Ehe Irrtum und Verwirrung« (Nr. 84).

DER DIENST DER HIRTEN UND DER BEICHTVÄTER

Die Treue der Kirche gegenüber Christus, seiner Lehre und seinem Gebot zeigt sich und verwirklicht sich in der Treue, von der der Dienst der Hirten und der Beichtväter geprägt sein muss. Von diesem Dienst erwähnt das Schreiben *zuerst* den *lehrmäßigen Aspekt,* der einen zweifachen Adressaten hat: einen allgemeinen und einen besonderen. Es geht nämlich darum, dass die Hirten und Beichtväter »diese Lehre [...] allen ihnen anvertrauten Gläubigen in Erinnerung rufen« (Nr. 6). Es geht außerdem darum, die wiederverheirateten Geschiedenen, die gemäß ihrem Gewissen glauben, zur Kommunion gehen zu können, daran zu erinnern, »dass ein solches Gewissensurteil in offenem Gegensatz zur Lehre der Kirche steht« (Nr. 6). In diesem Fall, präzisiert das Schreiben, handelt es sich um die »ernste Pflicht« der Ermahnung. Das Gewicht der Pflicht hängt ab und bemisst sich am Gewicht der Lehrinhalte und der damit zusammenhängenden Praxis, als da sind die Unauflöslichkeit der Ehe und die moralischen Voraussetzungen für den Zugang zu den Sakramenten. Folglich hängt das Gewicht der Pflicht ab vom und bemisst sich nach dem Gut, das zu wahren und zu fördern ist: das geistliche Wohl der Person und das Gemeinwohl der Kirche.

Der *zweite Aspekt* des Dienstes der Hirten und der Beichtväter ist ausdrücklicher *pastoral*. Es geht darum, die wiederverheirateten Geschiedenen einzuladen, »am kirchlichen Leben innerhalb der Grenzen teilzunehmen, in denen dies mit den Voraussetzungen des göttlichen Rechts vereinbar ist«. Während das für Leute, die in der Pastoral tätig sind, und für theologisch Interessierte klar ist, ist es nach der Meinung oder Überzeugung vieler Gläubiger nicht so klar, die irrtümlich meinen, die wiederverheirateten Geschiedenen wären von der Kirche »exkommuniziert«, sie würde sich von ihnen abwenden und sie zurückweisen. Sie sind jedoch als Getaufte Mitglieder der christlichen Gemeinschaft. Es ist völlig klar: Keine Unordnung des Lebens – auch nicht die Scheidung und eine zweite »Ehe« – vermag das Merkmal des Siegels der Taufe auszulöschen. Überdies bewahren nicht wenige wiederverheiratete Geschiedene den christlichen Glauben, auch wenn sie ihn, zumindest auf die Ehe bezogen, nicht konsequent leben. Und mit dem Glauben haben sie ein religiöses Leben mit seinen Ausdrucksformen.

Der Empfang der Eucharistie ist sicher ein fundamentaler Akt der Teilhabe am kirchlichen Leben. Wenn dieser Empfang auch für die wiederverheirateten Geschiedenen nicht möglich ist, so sind doch andere Formen der Teilhabe nicht nur möglich, sondern sogar gebührlich. In diesem Sinn heißt es im Schreiben: »Den Gläubigen muss geholfen werden, zu einem tieferen Verständnis vom Wert der Teilnahme am eucharistischen Opfer Christi, der geistlichen Kommunion, des Gebetes, der Betrachtung des Wortes Gottes, der Werke der Nächstenliebe und der Gerechtigkeit zu gelangen« (Nr. 6). Das ist nicht immer leicht für eine Pastoral, die oftmals einer »sakramentalistischen Reduktion« frönt, als würde die Teilhabe am Leben der Kirche voll und ganz nur im Empfang der Eucharistie bestehen.

Der Abschnitt Nr. 7–9 des Schreibens ist für die Lehre und Pastoral von besonderer Bedeutung, weil hier eine sorgfältige Analyse des *persönlichen Gewissens* vorgenommen wird, aus dem »die irrige Überzeugung von wiederverheirateten Geschiedenen« abgeleitet werden kann – und abgeleitet wird –, »zum eucharistischen Tisch hinzutreten zu dürfen« (Nr. 7). Es werden zwei gravierende Fehlentwicklungen angeführt, denen das Gewissen bei seiner Beurteilung hinsichtlich der ehelichen Situation unterliegen kann.

Die erste Fehlentwicklung besteht in der Überbetonung der Entscheidungskompetenz des Gewissens dahingehend, dass es ausschließlich als Entscheidungsmacht auf der Grundlage der eigenen Überzeugung interpretiert wird. Aber mit einem solchen Ansatz wird – wie die Enzyklika *Veritatis splendor* hervorhebt – »nichts weniger als die Identität des sittlichen Gewissens selbst gegenüber der Freiheit des Menschen und dem Gesetz Gottes in Frage gestellt« (Nr. 56). In Wirklichkeit ist der eigentliche Charakter des Gewissens offenkundig, »nämlich ein sittliches Urteil über den Menschen und seine Handlungen zu sein: Es ist ein Urteil, das freispricht oder verurteilt, je nachdem, ob die menschlichen Handlungen mit dem in das Herz eingeschriebenen Gesetz Gottes übereinstimmen oder von ihm abweichen« (Nr. 59).

Die zweite Fehlentwicklung besteht in der *nachdrücklichen Betonung des Individualismus* des Gewissens in dem Sinn, dass man dem Einzelnen die Entscheidung zuspricht über eine Wirklichkeit – ob die vorangegangene Ehe besteht oder nicht und die Gültigkeit der neuen Verbindung –, die natürlich den Einzelnen betrifft, aber *eine wesentliche öffentliche Dimension* besitzt. Diese Wirklichkeit wird bei einer sowohl theologischen als auch anthropologischen Betrachtung der Ehe unmittelbar sichtbar, »weil sie das Abbild der bräutlichen Vereinigung zwischen Christus und seiner Kirche ist und die Urzelle und einen wichtigen Faktor im Leben der staatlichen Gesellschaft bildet« (Nr. 7). Das Schreiben besteht zu Recht auf diesem Punkt, wenn es die spezifische Natur des ehelichen Konsenses hervorhebt und betont, dass er »nicht eine bloße Privatentscheidung ist, weil er für jeden Partner und das Ehepaar eine spezifisch kirchliche und soziale Situation konstituiert« (Nr. 8). Was daraus folgt, ist offensichtlich: »Das Gewissensurteil über die eigene eheliche Situation betrifft daher nicht nur die unmittelbare Beziehung zwischen Mensch und Gott, als ob man ohne die kirchliche Vermittlung, die auch die im Gewissen verbindlichen kanonischen Normen einschließt, auskommen könnte« (Nr. 8).

Was die *Disziplin der Kirche* betrifft, ermahnt das Schreiben die wiederverheirateten Geschiedenen, »die die subjektive Gewissensüberzeugung haben, dass die frühere, unheilbar zerstörte Ehe niemals gültig war« (Nr. 9), die Prüfung der Gültigkeit der Ehe mittels des für das Forum externum vorgesehenen Verfahrens vorzunehmen, das unter anderem den Parteierklärungen besondere Bedeutung beimisst (vgl. can. 1536, 2 und can. 1679). Die Rechtfertigung dafür hat auch eine ekklesiologische Seite und findet ihren eigentlichen Höhepunkt im Empfang der Eucharistie: »Die Kirche ist nämlich der Leib Christi, und Leben in der kirchlichen Gemeinschaft ist Leben im Leib Christi und Sich-Nähren vom Leib Christi. Beim Empfang des Sakramentes der Eucharistie kann die Gemeinschaft mit Christus, dem Haupt, niemals von der Gemeinschaft mit seinen Gliedern, d.h. mit seiner Kirche getrennt werden. [...] Ein Kommunionempfang im Gegensatz zu den Normen der kirchlichen Gemeinschaft ist deshalb ein in sich widersprüchlicher Akt« (Nr. 9).

Die kirchliche Bedeutung des Schreibens

Am Ende dieser Präsentation des Schreibens mag es nützlich sein, ein paar kurze Überlegungen über seine Bedeutung anzufügen.

An erster Stelle soll das *Subjekt* des Schreibens, d.h. die Kongregation für die Glaubenslehre, hervorgehoben werden: Ihre Aufgaben der Bewahrung und Förderung des Glaubens – »die Wahrheit Jesu Christi im Leben und in der Praxis der Kirche aufleuchten zu lassen« (Nr. 10) – sagen schon etwas über die Bedeutung des Dokuments aus, das im Übrigen vom Heiligen Vater approbiert worden ist. Insbesondere ist das Schreiben eine klare und detaillierte Bestätigung der Lehre und der Disziplin der Kirche, wie sie im Apostolischen Schreiben *Familiaris consortio* dargelegt wurden. Und das Schreiben ist eine maßgebliche Auslegung von *Familiaris consortio*, vor allem hinsichtlich der allgemeinen Gültigkeit der Nichtzulassung der wiederverheirateten Geschiedenen zum Kommunionempfang: »Die Struktur des Mahnschreibens [Familiaris consortio] und der Tenor seiner Worte zeigen klar, dass diese in verbindlicher Weise vorgelegte Praxis nicht aufgrund der verschiedenen Situationen modifiziert werden kann« (Nr. 5).

Der *Gegenstand* des Schreibens ist genau und spezifisch: der Zutritt zum Kommunionempfang. Das ist ohne Zweifel ein fundamentaler Punkt in der Pastoral der wiederverheirateten Geschiedenen – aufgrund der realen Bedeutung, die die Eucharistie im Leben der Kirche und des Christen hat. Von der Eucharistie muss nämlich ausgesagt werden, was das Konzil von der Liturgie sagt: Sie ist »der Höhepunkt, dem das Tun der Kirche zustrebt, und zugleich die Quelle, aus der all ihre Kraft strömt« (*Sacrosanctum Concilium*, 10). Das Schreiben beabsichtigt also nicht, das ganze Feld der Pastoral hinsichtlich der wiederverheirateten Geschiedenen zu behandeln; allerdings fehlt es – durch direkte und indirekte Hinweise – nicht an vielfachen Anregungen, die besonderes Interesse verdienen.

Die *Adressaten* des Schreibens sind die Bischöfe der katholischen Kirche: Sie sind in Gemeinschaft mit dem Papst und untereinander die Hauptverantwortlichen für die Lehre und die Disziplin der Kirche. Und sie sind es mit Bezug auf das Volk Gottes, das deshalb der letztliche Adressat des Schreibens ist. Es ergibt sich so die Notwendigkeit, mithilfe theologischer und pastoraler Reflexion ein breit angelegtes dauerhaftes Werk der Katechese und der Gewissensbildung zu entwickeln, das die Gläubigen befähigt, die Position der Kirche gemäß der Wahrheit und gemäß den Gründen, die sie rechtfertigen, zu erkennen. Es geht darum, mit dem Wort und dem Zeugnis des Lebens die dem Evangelium gemäße Botschaft hinsichtlich der Ehe mitzuteilen, im gesellschaftlichen und kulturellen Kontext von heute, in dem die Christen von »Hartherzigkeit« (vgl. Mt 19,8) versucht oder betroffen sind. Mit Mut und Vertrauen und mit großer Güte: »Das Mit-Leiden und Mit-Lieben der Hirten und der Gemeinschaft der Gläubigen ist nötig, damit die betroffenen Menschen auch in ihrer Last das süße Joch und die leichte Bürde Jesu erkennen können« (Nr. 10).

MARIO FRANCESCO POMPEDDA

Kirchenrechtliche Problematiken

VORBEMERKUNG

Das an die Bischöfe der katholischen Kirche gerichtete Schreiben der
Kongregation für die Glaubenslehre über den Kommunionempfang von
geschiedenen Gläubigen, die wieder geheiratet haben, spricht in Nr. 9 in
knapper Form, aber sehr präzise ein Problem an, das für sich genommen vornehmlich juristisch-kanonistischer Art ist, aber das Gewissen
der Einzelnen berührt und betrifft. Es handelt sich um das Problem, das
man bisweilen – offenkundig beweisbedürftig – als »Konflikt zwischen
Forum internum und Forum externum« deuten wollte: eine Situation,
die, wenn sie in der kanonischen Ordnung oder, vielleicht richtiger, im
Leben der Kirche vorkommen sollte, niemals und in keinem Fall unberührt lassen dürfte.
Es ist also richtig, sich eingehend mit dem Problem zu beschäftigen, auch
deshalb, weil wir meinen, dass das nicht wenig dazu beitragen wird, das
besagte Schreiben und vor allem darüber hinaus seinen genuin pastoralen Charakter besser zu verstehen.
Dazu sollte man zunächst aufmerksam lesen, was diesbezüglich im
Schreiben steht:

> Während die Disziplin der Kirche die ausschließliche Kompetenz der
> Ehegerichte bezüglich der Prüfung der Gültigkeit der Ehe von Katholi-
> ken bekräftigt, bietet sie auch neue Wege, um die Ungültigkeit einer vo-
> rausgehenden Verbindung zu beweisen, und zwar mit dem Ziel, jede Ab-
> weichung der Wahrheit, die im prozessualen Weg nachweisbar ist, von
> der objektiven, vom rechten Gewissen erkannten Wahrheit so weit wie
> möglich auszuschließen (Nr. 9).

Versuchen wir also, an die darin implizierten Fragen schrittweise heranzugehen, um zu einer richtigen Einschätzung der im Schreiben ent-
haltenen Aussagen zu gelangen und vor allem unbegründete und halt-
lose Vorurteile zu verwerfen.

Es gibt auch heute noch Stimmen, die die Ansicht vertreten, wonach die von der Kirche der Ehe zugeschriebene »Öffentlichkeit« nichts anderes bedeuten würde und keinen anderen Grund hätte als den Willen der Ausübung einer herrschaftlichen Autorität und damit ihrer Kontrolle. An der These könnte etwas Wahres sein, wenn sie nicht, in unerbittlich laizistischem Geist, darauf zielen würde, in den Bereich des »Privaten« einen Akt (der im vorliegenden Fall außerdem und vor allem ein Sakrament ist) einzuordnen, dessen öffentliches Interesse selbst in jeder zivilen staatlichen Ordnung nicht zu leugnen ist.

Zugegeben: Das Ehesakrament betrifft auch das Gewissen der Einzelnen, es erwächst aus einer freien und liebevollen Hingabe zweier Personen verschiedenen Geschlechts, es kann von niemandem auferlegt werden, wie es niemandem, der dazu fähig ist, verwehrt werden kann, und es ist deshalb von fundamentaler vitaler und erstrangiger Bedeutung für die Subjekte, d. h. für den Menschen; aber es hat zugleich, nicht weniger stark und radikal, Bedeutung in der und für die kirchliche Gemeinschaft. Das gilt für die gesamte Lebensspanne jedes einzelnen Ehebandes. Daraus folgt die Aufgabe, die Brautleute auf die Hochzeit vorzubereiten, welche immer dringlicher wird. Dabei hat die juristische Vergewisserung, dass der gültigen und erlaubten Eheschließung nichts im Wege steht (can. 1066), vor allem auch eine pastorale Natur; daraus folgt die (nicht mit dem nur äußerlichen Prunk bestimmter Riten zu verwechselnde) »Feierlichkeit«, die die Hochzeit durch die aktive Präsenz des qualifizierten Zeugen – des Ortsordinarius oder des Ortspfarrers – erhält, also mittels der sogenannten »kanonischen Form« (can. 1108); und es folgt daraus die vom geltenden kanonischen Recht ausdrücklich vorgesehene pastorale Assistenz auch für die, die schon im Ehestand leben (can. 1063).

Im Übrigen würde es genügen daran zu erinnern, dass die Ehe zwischen Getauften ein Sakrament ist, ein wahres Sakrament (can. 1055 § 2), um daraus unwiderlegbar abzuleiten, dass die Kirche – noch vor dem Recht – die Pflicht hat, die Heiligkeit der Ehe zu schützen, nämlich durch die gültige und erlaubte Feier. Es ist nur ein Irrtum, der der protestantischen Reformation zuzuschreiben ist, wenn behauptet wird, die Kirche habe nicht die Gewalt, Ehehindernisse aufzustellen.

Wenn es aber Aufgabe der Kirche ist, darüber zu wachen, dass die Ehe gültig und erlaubt geschlossen wird, so folgt daraus, dass ihr, wo in der Folge Zweifel auftauchen, auch zusteht, zu prüfen und zu beurteilen, ob im einzelnen Fall wirklich und tatsächlich eine gültige Eheschließung stattgefunden hat. Genauer: Das Kirchenrecht legt ausdrücklich fest, dass eine neue Eheschließung nicht erlaubt ist, bevor nicht die Nichtigkeit bzw. die Auflösung der früheren Ehe rechtmäßig und sicher feststeht (can. 1085 § 2).

Das alles führt – in Übereinstimmung mit dem Prinzip des »öffentlichen«, d. h. kirchlichen Interesses am Ehesakrament – dazu, dass das, was im besagten Schreiben eben ausgesagt wurde, im allgemeinen normativen Rahmen des Kirchenrechts zu verstehen ist, dass nämlich die Prüfung der Gültigkeit der Ehe von Katholiken in die ausschließliche Zuständigkeit der kirchlichen Gerichte fällt.

Konflikt zwischen Forum »internum« und Forum »externum«?

Es darf nicht aus dem Blick geraten, worin der Zweck der bei den kirchlichen Gerichten angesiedelten Prozesse in Sachen Gültigkeit oder Nichtigkeit der Ehe besteht: Sie sind und sie können auf nichts anderes gerichtet sein als auf die *Ermittlung,* ob ein rechtsmäßiger Grund (Formfehler, Konsensmangel, Bestehen von Hindernissen) bewirkt hat, dass das Eheband nicht zustande gekommen ist, wobei es keine Bedeutung hat, ob die Brautleute sich dessen bewusst waren oder nicht, da es sich um die Ermittlung einer objektiven Wahrheit handelt.

Es wird aber niemand – da das Widerspruchsprinzip dies nicht zulässt – jemals behaupten können, dass zwei entgegengesetzte objektive Wahrheiten existieren, wovon die eine im kanonischen Prozess (also im Forum externum) verifiziert wird und die andere vom rechten Gewissen erkennbar ist.

Man wird vielmehr sagen müssen: Wo sich ein solcher Konfliktfall (sicher nicht aufgrund einer tatsächlichen objektiven Situation, sondern einzig aufgrund ihrer subjektiven Einschätzung) ergeben sollte, müsste bei allem Respekt für das individuelle Gewissen das im Forum externum erreichte Ergebnis Vorrang haben, und zwar aus zwei Gründen.

Zuerst ist an das bekannte Rechtsprinzip zu erinnern, wonach niemand Richter in eigener Sache sein kann; das gilt um so mehr, wenn es sich um einen (wir sagen nicht vorrangigen, aber) unzweifelhaft lebenswichtigen und grundlegenden öffentlichen Wert handelt, wie es das Ehesakrament ist, woran vorhin erinnert wurde. Und auch wenn man dem nicht Rechnung tragen wollte – was jedoch nicht richtig scheint –, müsste man sich immer gegenwärtig halten, dass die Ehe auch das Interesse des Anderen berührt und deshalb über die subjektive Sphäre im engen Sinn hinausgeht, ja sogar das Interesse Dritter – des Nachwuchs – betrifft.

Wir dürfen aber auch den zweiten Grund nicht außer Acht lassen, nämlich die extremste Möglichkeit, die, wie man fast sagen könnte, in an und für sich evidenten subjektiven Situationen *fast notwendige* Eventualität eines Irrtums in einem über die eigene Ehe getroffenen Urteil: eine Eventualität eines Irrtums, die auch bei dem, der als Außenstehender urteilt, möglich, aber nicht unbedingt notwendig anzunehmen ist.

Wenn wir dann dies alles, wie wir es tatsächlich tun müssen, auf die praktische Ebene (die dann die Ebene des kanonischen Prozesses ist) übertragen, würde es gewagt erscheinen, von vorneherein dem von geschulten und erfahrenen Fachleuten und sogar durch zwei Instanzen kollegial gefällten Urteil eine größere Wahrscheinlichkeit des Irrtums zuzuschreiben als dem Urteil einer einzelnen Person, die selbst betroffen und daher von einem Interesse geleitet und bestimmt ist und die nicht immer oder fast nie imstande ist, Fakten, Umstände und Intentionen, die meistens sogar zwei- oder mehrdeutig sind, in juristische Begriffe (von mehr oder weniger objektiver Gültigkeit) zu übersetzen.

Juristischer Formalismus oder substanzielle Garantie der Wahrheit?

Es scheint also nicht legitim, auf einer abstrakten und theoretischen Ebene von Konflikten zwischen Forum internum und Forum externum auszugehen oder zu sprechen, sobald man sich nur immer der Notwendigkeit einer Ermittlung einer realen objektiven Wahrheit gegenwärtig ist. Die Widersprüchlichkeit könnte eher auf einer anderen Ebene auftauchen, auf die das Schreiben dort implizit Bezug nimmt, wo es »neue Wege, um die Ungültigkeit einer vorausgehenden Verbindung zu beweisen«, erwähnt: Es gibt hier ein hauptsächlich kirchenrechtliches Problem (im Prozess), für das die Weisheit des kirchlichen Gesetzgebers im geltenden Kodex eine vornehmlich pastorale Lösung gibt in dem Sinn, dass sie die dem Menschen geschuldete Würde achtet und mit den fundamentalen Prinzipien des natürlichen Rechts grundsätzlich übereinstimmt.

Versuchen wir zunächst zu verstehen, worin genau das Problem besteht. Es beschränkt sich notwendigerweise auf eine recht geringe Zahl möglicher Fälle der Ungültigkeit einer Ehe, und zwar auf die Fälle, die mit einem Konsensmangel verbunden sind. Hier geht es wirklich darum, genau zu wissen, welches der Wille des oder der Eheschließenden war, ob er willentlich eingeschränkt oder sogar nicht bestehend war, ob der Konsens mit äußeren oder inneren Bedingungen verknüpft war.

Also: Es gibt keinen Zweifel, dass, abstrakt und prinzipiell, niemand besser als die Eheleute selbst weiß, was der eigene innere Wille war, die wirkliche Intention in dem Moment, in dem der Konsens äußerlich im Hochzeitsritual ausgesprochen wurde.

Das bedeutet aber nicht, ist sofort festzuhalten, dass die juristische Qualifikation, die kanonische Relevanz, die Konsequenz hinsichtlich Gültigkeit oder Ungültigkeit der Ehe besser von den Eheleuten als von irgendjemand anderem beurteilt werden können: Es ist nämlich nicht dasselbe, eine Sache zu kennen (Wissen von ihr zu haben) und sie *rechtlich zu würdigen*.

Das führt notwendigerweise und prinzipiell dazu, sowohl das Feld der möglichen Widersprüche einzuschränken, als auch dazu, das *Faktum* nicht mit seiner *juristischen Relevanz* zu verwechseln.

Aber das Problem ist dennoch ein anderes.

Wenn es sich in unserem Fall, wie oben betont wurde, um einen Prozess der Ermittlung hinsichtlich einer kontroversen Tatsache wie der Ungültigkeit einer Ehe handelt, ist es evident, dass der kirchliche Richter sich diesbezüglich ausschließlich auf sichere und bewiesene Fakten gestützt wird äußern können: Die Theorie der Beweisführung gehört zu jeder juristischen Ordnung und kann also dem kanonischen Recht nicht fremd sein.

Der Kodex der Kirche setzt also eine Reihe von Beweismitteln fest, mittels derer in den Prozessen die *moralische Gewissheit* über den Gegenstand, der zur Prüfung ansteht, erreicht wird. Es ist hier aber darauf zu achten, dass das Verfahren des sogenannten gesetzlichen Beweises über den Geist und die Bestimmung des kanonischen Rechts hinausgeht in dem Sinn, dass die Beweismittel nur der Erreichung der moralischen Gewissheit dienen, der Richter aber die Beweise nach seinem Gewissen frei würdigen muss. Und schon damit fällt ein behaupteter juristischer Formalismus weg, der dem Geist des kanonischen Rechts zweifellos fremd ist.

Aber welche Beweise können den kirchlichen Richter dazu führen, sich mit Gewissheit über die Ungültigkeit einer Ehe zu äußern?

Um im begrenzten Umfeld der Fälle zu bleiben, um die es hier geht (und von denen oben die Rede war), ist zu sagen, dass die grundlegenden Beweise im Allgemeinen folgende sind: die Erklärungen der Parteien (im konkreten Fall sind das die Ehegatten), die Zeugen, die sicheren und objektiven Umstände, die mit dem Kern des Falls verbunden sind.

Das Problem entsteht, wenn in einem einzelnen und konkreten Fall keine Zeugen beigebracht werden können, die den Richter über den Willen der Parteien aufklären können, und einzig die Aussagen der Gatten oder nur eines von ihnen vorliegen.

Sollten diese Erklärungen der Gatten juristisch nicht ausreichen, um beim kirchlichen Richter moralische Gewissheit herbeizuführen, würden logischerweise Situationen entstehen, wo man im Bereich des Forum externum (das heißt im Bereich des Rechts) nicht zu einem Urteil der Ungültigkeit kommen kann und man die Geltung dieser Erklärungen auf das Forum internum beschränken muss.

Faktisch stimmt das aber nicht, denn es muss Folgendes zur Kenntnis genommen werden: In tiefer Achtung vor der menschlichen Person, im Anschluss an das Naturrecht und im Bemühen, das Prozessrecht von allem juristischen Formalismus zu befreien und die unumgänglichen Forderungen der Gerechtigkeit zu befolgen (in diesem Fall geht es um das Erzielen einer moralischen Gewissheit und um den Schutz der Wahrheit, der hier sogar die Gültigkeit eines Sakramentes beinhaltet), hat der kirchliche Gesetzgeber Normen festgelegt (vgl. can. 1536 § 2 und can. 1679), aufgrund derer auch schon die Aussagen der betreffenden Parteien einen für die Nichtigkeit ausreichenden Beweis darstellen können, natürlich nur da, wo diese Aussagen in Übereinstimmung mit den Umständen der Rechtssache die Garantie für volle Glaubwürdigkeit bieten.[1]

SCHLUSS

Sollten wir aus dem Vorausgehenden einfach schlussfolgern, dass der Gesetzgeber wieder einmal die Strenge und die Sicherheit des Rechts weise mit den Erfordernissen eines gesunden Respekts der menschlichen Person und ihrer Würde zu versöhnen gewusst hat, könnten wir mit gutem Grund behaupten, dass die kanonische Regelung, in Übereinstimmung mit den obersten Regeln des natürlichen Rechts, jeden unnützen Formalismus abgelegt hat. Aber das scheint, im vorliegenden Fall, die wahre Reichweite der kanonischen Rechtsvorschriften zu schmälern: Sie sind durchdrungen von den, leben von den und sind ausgerichtet auf die pastoralen Notwendigkeiten der Gläubigen zu jenem Ziel und höchsten Zweck des kanonischen Rechts, das das Heil der Seelen ist (can. 1752).

---

1 Vgl. dazu M. F. Pompedda, Il valore probativo delle dichiarazioni delle parole nella nuova giurisprudenza della Rota Romana, in: Ius Ecclesiae, Bd. I, Nr. 2, S. 437–468; Ders., Studi di diritto matrimoniale canonico, Mailand 1993, S. 493–508.

ANGEL RODRÍGUEZ LUÑO

Die Epikie in der Pastoral für wiederverheiratete geschiedene Gläubige

Es wurde von verschiedenen Seiten die Ansicht vertreten, die traditionelle Lehre der Kirche über die Epikie könnte es erlauben, in der Frage der wiederverheirateten geschiedenen Gläubigen zu einer anderen moralischen Lösung zu gelangen. Angesichts der Wichtigkeit und Delikatheit des Problems verdient diese Ansicht eine aufmerksame Erörterung. In der katholischen moraltheologischen Überlieferung nimmt die Epikie einen breiten Raum ein. Im Gefolge von Aristoteles, dessen diesbezügliche Ausführungen als *locus classicus* gelten können, haben Albertus Magnus, Thomas von Aquin, Johannes Duns Scotus, Cajetan, Suárez, der *Cursus Theologicus* der Karmeliter-Theologen von Salamanca, Alfons von Liguori und zahlreiche Gelehrte des 20. Jahrhunderts wichtige Klärungen geliefert. Ich darf den interessierten Leser hier auf die analytische Studie der Quellen verweisen, die in zwei Teilen in der Zeitschrift »Acta Philosophica«[1] veröffentlicht worden ist, und beschränke mich hier auf eine zusammenfassende Darlegung, die aber der Unterschiedlichkeit der Akzentsetzungen bei den oben genannten Gelehrten und Theologen Rechnung trägt.

Das Studium der klassischen Quellen erlaubt keinerlei Zweifel an der Tatsache, dass die Epikie – in jeder Hinsicht und im strengen Sinn – als eine moralische Tugend[2] gesehen wurde, d.h. als eine Eigenschaft, die zur moralischen Bildung des Menschen dazugehört. Diese Tatsache hat zwei wichtige Konsequenzen. Die erste Konsequenz ist, dass die Epikie die Quelle nicht nur der guten, sondern geradezu der hervorragendsten und besten Entscheidungen ist. Für Aristoteles ist klar, was das Billige ist, »nämlich dass es gerecht ist und besser als ein bestimmtes Gerechtes«; für Albertus Magnus ist die Epikie *superiustitia*. Sie ist also nicht etwas weniger Gutes – eine Art *mitigatio iuris* oder ein »Rabatt« oder eine Abweichung von der wahren Gerechtigkeit –, das in bestimmten Fällen toleriert werden könnte. Die Epikie ist vielmehr die Vollendung und die Krönung der Gerechtigkeit und der anderen Tugenden. Die zweite Konsequenz ist, dass die Übertragung der Epikie in einen von

---

1 Acta Philosophica, Nr. 6 [1997], 197–236; Nr. 7 [1998], 65–88.
2 Vgl. z.B. Thomas von Aquin, STh II–II, q. 120, a. 1.

der klassischen Ethik der Tugenden verschiedenen epistemologischen und ethischen Kontext besondere methodologische Umsicht verlangt. Der ursprüngliche Ort der Epikie ist der Bereich des von den Gesetzen der Polis regulierten Verhaltens, zu dem die Scholastiker das vom kanonischen Recht regulierte Verhalten hinzufügten, in jedem Fall der Bereich menschlicher Gesetze, die verbesserungsfähig sind. In getreuer Wiederaufnahme des Denkens des Aristoteles und Thomas' von Aquin erklärt Cajetan zusammenfassend das Wesen der Epikie so: *Directio legis ubi deficit propter universale:* Berichtigung des Gesetzes dort, wo es infolge seiner allgemeinen Fassung lückenhaft ist. Der gesittete Mensch weiß nicht nur, welche Verhaltensweisen geboten oder verboten sind, er weiß auch warum. Da das Gesetz aber allgemein formuliert ist, kann es Fälle geben, die entgegen dem Anschein von der allgemeinen Norm nicht erfasst werden, und der Kenner ist sich dessen bewusst, denn er weiß, dass die wörtliche Befolgung des Gesetzes in diesem Fall einem Verhalten Raum geben würde, das die *ratio iustitiae* und die *communis utilitas* verletzten würde, die die obersten Prinzipien, die Leitlinie für jedes Gesetz und jeden Gesetzgeber sind. Es wird dann dort, wo der menschliche Gesetzgeber, weil er allgemein formuliert, einen Umstand übergeht oder nicht in seiner Bedeutung trifft, zur Pflicht, die Anwendung des Gesetzes zu lenken und das als vorgeschrieben in Betracht zu ziehen, was der Gesetzgeber selbst gesagt hätte, wenn er anwesend gewesen wäre, und was er in das Gesetz eingeschlossen hätte, wenn er den fraglichen Fall gekannt hätte. Und das alles geschieht nicht, weil man nichts Besseres machen kann, sondern weil andernfalls ein unrechtes und für das Allgemeinwohl schädliches Verhalten die Folge wäre. Die Epikie ist also nicht etwas, worauf man sich guten Willens berufen kann, und sie hat nichts mit dem Prinzip der Toleranz zu tun, sondern wenn der Fall eintritt, wird sie die Regel, der notwendig zu folgen ist.
Thomas von Aquin vertritt sogar die Auffassung, dass die Gerechtigkeit *per prius* von der Epikie und *per posterius* von der gesetzlichen Gerechtigkeit prädiziert wird, da diese von jener gelenkt wird; die Epikie sei, fügt er hinzu, »gleichsam die höhere Richtschnur der menschlichen Akte«.[3] Das heißt offensichtlich nicht, dass die Epikie über dem Guten und Bösen steht, sondern einfach, dass der Setzungsakt, wenn die allgemeinen Kriterien des Urteils aus den vorhin angezeigten Gründen nicht greifen, von einem steuernden Urteil bestimmt werden muss, von Thomas *gnome* [Scharfsinn] genannt, das sich direkt von höheren Prinzipien (*altiora principia*) leiten lässt: der *ratio iustitiae* selbst und dem Allgemeinwohl, unter Übergehen der Vorschrift, die hier und jetzt lückenhaft ist. Die Epikie ist »höhere Richtschnur« und Regel insoweit, als man sich in

---

3 STh II-II, q. 120, a. 2.

der Beurteilung außerordentlicher Fälle direkt auf moralische Prinzipien höchsten Ranges beruft.

Alle (von Thomas bis Alfons) stimmen darin überein, dass das Gesetz nicht befolgt werden muss, wenn es, im Einzelfall, *aliquo modo contrarie* und nicht nur *negative* lückenhaft ist. Das heißt, das Gesetz muss nicht buchstäblich befolgt werden, wenn aus seiner Befolgung ein Verhalten folgt, das in gewisser Weise im Gegensatz steht zur Gerechtigkeit oder zum Allgemeinwohl; man kann sich aber nicht auf die Epikie berufen, nur weil die *ratio legis* in einem konkreten Fall nicht zutrifft oder nicht vordringlich ist (nur negativer Wegfall der *ratio legis*). In diesem Sinne hält Thomas fest, man müsse, wenn die wörtliche Erfüllung des Gesetzes für das Allgemeinwohl schädlich wäre, die Gefahr aber nicht unmittelbar bevorstünde, sich an den Gesetzgeber wenden. Das zeigt, dass Thomas ein Problem, das vom gegenwärtigen juristischen und politischen Gewissen lebhaft empfunden wird, nicht entgeht. Wenn jeder sich ermächtigt glaubt, die gesetzlichen Anordnungen im Licht der eigenen Vorstellung vom Gemeinwohl oder auf der ausschließlichen Basis der eigenen Umstände einschätzen zu können, würde man nicht nur bei der Willkür landen, sondern bei der Auflösung des gesamten – sowohl des zivilen als auch des kirchlichen – Rechtssystems. Das Urteil, mit dem jeder Bürger sich letztlich auf die eigene Situation berufen könnte, würde wie ein Damoklesschwert jede Rechtssicherheit bedrohen, und das Zusammenleben würde ganz und gar unmöglich.

Konkreter gefragt: Wann kann man in Betracht ziehen, dass ein Gesetz *aliquo modo contrarie* lückenhaft ist? Über die genaue Bedeutung von *aliquo modo* gibt es keine volle Übereinstimmung. Für Thomas und Cajetan bedarf es einer regelrechten Gegensätzlichkeit der Beobachtung des Gesetzes zur Gerechtigkeit oder zum Allgemeinwohl. Für Suárez ist diese Meinung *nimis rigida et limitata*. Er vertritt die Auffassung, dass ein menschliches Gesetz *aliquo modo contrarie* lückenhaft ist, auch in den drei folgenden Fällen: 1. wenn seine Erfüllung, auch wenn sie nicht ungerecht ist, sehr schwierig und belastend wird: Wenn sie zum Beispiel ein ernstes Risiko für das eigene Leben mit sich bringt; 2. wenn sicher ist, dass der menschliche Gesetzgeber, obwohl er auch in diesem Fall verpflichtend hätte sein können, es nicht getan hat und nicht zu tun beabsichtigt hat; 3. wenn die Beachtung des Gesetzes zwar das Allgemeinwohl nicht verletzen würde, aber dem Wohl der fraglichen Person Schaden zufügen würde und – präzisiert Suárez – *der Schaden schwer sei und keine Notwendigkeit des Allgemeinwohls dazu zwinge, einen solchen Schaden zu verursachen oder zu erlauben.* Abgesehen davon, was vom wissenschaftlichen Gesichtspunkt aus in diesem Punkt gegenüber Suárez eingewandt werden könnte, muss hier daran erinnert werden, dass seine Position in der Folge von der katholischen Moraltheologie bis in unsere Zeit nahezu allgemein angenommen wurde, so wie auch die suarezianische These unbestritten angenommen wurde, dass weder eine *lex irritans* noch das positive göttliche Gesetz von der Epikie korrigiert werden können.

Kommen wir jetzt zur Frage des natürlichen Sittengesetzes. Der Erste, der sich die Frage explizit stellte, war Cajetan. Zu erklären, warum er – in seinem Kommentar zur *Summa theologiae* – sich eine Frage stellt, die Thomas sich nicht gestellt hat, würde uns dazu führen, Probleme zu erörtern, die mit den voluntaristischen Strömungen des 14. Jahrhunderts zusammenhängen, die zu behandeln der verfügbare Raum uns nicht erlaubt. Kann es Fälle geben, in denen die Epikie das natürliche Sittengesetz korrigieren kann oder muss? Cajetan, die Karmeliter-Theologen von Salamanca und Alfons von Liguori antworten mit Ja; Suárez hingegen antwortet mit Nein. Aber Erstere und Letzterer vertreten in Wirklichkeit eine im Wesentlichen identische These. Cajetan stellt fest, dass die menschlichen Gesetze zwei Arten von Elementen des natürlichen Rechts enthalten können. Einige sind in der Weise allgemein gültig, dass sie nicht nicht befolgt werden dürfen, und er zählt die Lüge und den Ehebruch dazu (sie sind, schließlich, in sich schlechte Handlungen); bei diesen Verhaltensweisen gibt es keinen Raum für die Epikie. Andere hingegen sind allgemein gültige Forderungen, aber sie können entfallen: so im Fall des Gebots der Rückgabe einer Hinterlegung; die Anwendung dieses Typs von Geboten muss manchmal von der Epikie geregelt werden in dem Sinn, dass die Epikie, indem sie gebietet, das Gesetz nicht zu beachten, einen tugendhaften und löblichen Akt dort zu setzen erlaubt, wo sich, bedingt durch die unbegrenzte Vielfalt der menschlichen Umstände, eine Situation ergibt, die offensichtlich nicht unter die *ratio legis* fällt.

Die Reflexion über die Bedeutung dessen, was Cajetan behauptet hat, macht klar, dass er unter natürlichem Gesetz die natürliche Moral versteht, das heißt den Bereich der Verhaltensweisen, die von den moralischen Tugenden geregelt werden, der sehr wohl unterschieden ist von dem Bereich, der vom positiven göttlichen Gesetz geregelt wird. Konkreter: Wenn er sagt, dass die Epikie auch das natürliche Gesetz zum Gegenstand hat, bezieht er sich auf die positiven Gesetze, die mittels menschlicher sprachlich-normativer Formulierungen Konsequenzen ausdrücken, die von den Tugenden abgeleitet sind, aber nicht ihre wesentlichen Erfordernisse oder die ihnen widersprechenden (in sich schlechten) Akte sind. In diesem Sinn ist evident, dass die Epikie im Bereich des natürlichen Gesetzes angewendet wird. Aber das ist nicht der Fall – wie Cajetan ausdrücklich präzisiert –, wenn wir unter natürlichem Gesetz die Normen verstehen, die die in sich schlechten Akte verbieten, d.h. die Akte, die ihrem Wesen nach im Gegensatz stehen zur rechten Vernunft. Recht differenziert ist die Position von Suárez. Er greift die Unterscheidung von Cajetan auf: Das natürliche Sittengesetz kann für sich betrachtet werden, das heißt als Urteil der rechten Vernunft, oder insofern es enthalten ist in und näher bestimmt wird von einem menschlichen Gesetz. Die These von Suárez lautet, dass kein natürliches Gebot für sich genommen die Berichtigung der Epikie nötig hat. Zur induktiven Begründung seiner These erinnert Suárez an die Unterscheidung zwischen positiven Geboten und negativen Geboten. Die negativen Gebote sind solcher Natur, *ut semper et pro semper obligent, vitando mala quia mala sunt*. Diese Gebote können in keiner Weise von der Epikie korrigiert werden. Es kann aber passieren, dass ein Wechsel des Objekts oder der innewohnenden Umstände Anlass gibt zu einem wesentlich unterschiedlichen moralischen Akt (*mutatio materiae*). Als Beispiele werden Diebstahl im Fall äußerster Notwendigkeit und die Hinterlegung angeführt. In diesen Fällen ist die Änderung in der moralischen Einschätzung eine Reaktion auf die erfolgte Veränderung des Aktes im *genus moris* und nicht eigentlich auf die Epikie. Ein außergewöhnlicheres Beispiel von *mutatio materiae* wäre die Situation, die sich ergäbe, wenn nach einem Krieg nur ein Mann und seine Schwester auf der Erde zurückbleiben würden oder ein Mann, seine unfruchtbare Frau und eine weitere, fruchtbare Frau. Die Akte, die im Interesse des Fortbestands des Menschengeschlechts gesetzt werden müssten, würden einen Bezug zur rechten Vernunft und zum natürlichen Recht haben, der wesentlich unterschieden ist von dem, was wir heute unter dem Begriff des Inzests oder des Ehebruchs verstehen. Deshalb glaubt Suárez, weil er auch diese völlig außergewöhnlichen Situationen in die Überlegung einbezieht, mit absoluter und allgemeiner Sicherheit behaupten zu können, dass ein von einem negativen natürlichen Gebot verbotener Akt, *stante eadem materia*, nie aufgrund der Epikie moralisch erlaubt werden können wird.

Auf der Linie von Cajetan und Suárez bewegen sich die Karmeliter-Theologen von Salamanca, die von Alfons von Liguori ausdrücklich zitiert werden, wenn er sich mit der Epikie beschäftigt. Im Licht dessen, was gesagt worden ist, ist es völlig klar, was Alfons sagen will, wenn er behauptet, dass die Berichtigung der Epikie manchmal auch im Bereich des natürlichen Sittengesetzes notwendig ist, wenn eine konkrete Handlung durch die Umstände ihrer moralischen Negativität enthoben wird (*ubi actio possit ex circumstantiis a malitia denudari*). Alfons denkt an die Handlung, eine Hinterlegung nicht zurückzugeben, was in sich schlecht wäre, aber unter bestimmten Umständen nicht nur gut, sondern tugendhaft und verpflichtend wird.

Kürzlich hat man sich auf die Autorität des hl. Alfons und seine Reflexion über die Epikie berufen, um die Lehre der Enzyklika *Veritatis splendor* über die Existenz von in sich schlechten Handlungen und also über die universelle Bedeutung von negativen moralischen Normen, die solche Handlungen verbieten, zu kritisieren. Der Einwand entspricht einer moralischen Sichtweise, die dem hl. Alfons und der katholischen moraltheologischen Überlieferung fremd ist. Hinter diesem Einwand steht einerseits die Vorstellung, dass die *kategorialen* sittlichen Normen – die nämlich, die festlegen, was konkret der Gerechtigkeit, der Keuschheit, der Wahrhaftigkeit usw. entspricht – einfach menschliche Normen sind.[4] Es gibt dann den Fehler, das Objekt der menschlichen Handlungen in physizistischer Weise – und also irgendwie vormoralisch – zu beschreiben[5] in der Weise, dass vom *genus naturae* her ähnliche, aber hinsichtlich des *genus moris* heterogene Handlungen ein und derselben Norm unterstellt werden, mit der unausweichlichen Folge, dass jede negative moralische Norm vielfache Ausnahmen haben muss. Indem sie die Handlungen beschreiben, ohne auf ihre innere Intentionalität (*finis operis*) mit Bezug auf die Ordnung der Vernunft zu achten, behaupten manche, dass die Notwehr eine Ausnahme vom 5. Gebot sei, aber die gleiche Logik würde dazu führen, die lächerliche These zu vertreten, dass die Heiligkeit der ehelichen Beziehungen eine Ausnahme sei vom Gebot »nicht Unzucht zu treiben«.[6]

Vor allem aber besteht der Irrtum der Perspektive, ohne die nötige Umsicht einen zur Tugendethik gehörigen Begriff, wie es die Epikie ist, in einen auf die dialektische Beziehung Gesetz–Gewissen konzentrierten Kontext zu übertragen, in dem das Gute auf dem Gesetz gründet (man halte sich gegenwärtig, was Kant das *Paradoxon der Methode in einer Kritik der praktischen Vernunft* nennt), und nicht dieses auf jenem. Der ethische Kontext, in dem der Begriff der Epikie entstanden ist, ist sehr verschieden. In ihm sind die Tugenden allgemeine Ziele absoluter und allgemeiner Gültigkeit, die, insofern sie vom tugendhaften Menschen fest angestrebt werden, der praktischen Vernunft erlauben, die konkrete Handlung – gleichsam durch Konnaturalität – zu ermitteln, die sie *hic et nunc* zu verwirklichen vermag. In diesem Kontext der besonnenen Konkretion des angestrebten Ziels dank der Tugendhaltung ist die Epikie anzusiedeln. Wenn eine ethische Forderung, die ursprünglich eine Forderung der Tugend ist, mittels einer menschlichen sprachlich-normativen Formulierung ausgedrückt wird, die die außergewöhnlichen Umstände, in denen der Handelnde sich vorfindet, nicht vorsieht, erlaubt die Epikie eine perfekte Angleichung des konkreten Verhaltens an die *ratio virtutis*. Die Hinterlegung wird zurückerstattet, insoweit seine Rückgabe ein Akt der Tugend der Gerechtigkeit ist. In den außergewöhnlichen Fällen, in denen die Rückgabe der Hinterlegung nicht mehr ein Akt der Gerechtigkeit ist, sondern ein der Gerechtigkeit widersprechender Akt wäre,

---

4 Vgl. Veritatis splendor, Nr. 36.
5 Vgl. Veritatis splendor, Nr. 78.
6 Vgl. dazu STh I-II, q. 18, a. 5, ad 3.

erlaubt die Tugend der Epikie, zu dem besonnenen Urteil zu kommen, dass die Hinterlegung hier und jetzt nicht zurückgegeben wird. Der gerechte Mensch (der die Tugend der Gerechtigkeit besitzt) kann sich dessen nicht nicht bewusst sein. Wenn wir, um diese Wirklichkeit aus-zudrücken, sagen, dass die moralischen Normen betreffend die Ge-rechtigkeit Ausnahmen zulassen oder dass sie keine allgemeine Geltung haben, schaffen wir Verwirrung, weil die Tugenden – d. h. die prakti-schen Prinzipien der Vernunft als originäre ethische Forderungen – keine Ausnahmen zulassen. Die Epikie ist notwendig, gerade weil – was der Buchstabe des Gesetzes auch sagen mag – die Gerechtigkeit und die anderen ethischen Tugenden keine Ausnahmen zulassen. Im strengen Sinn wird die Epikie nicht gemäß der Logik der Ausnahme, der Toleranz oder der Dispens verstanden. Die Epikie ist Prinzip einer vorzüglichen Entscheidung, und sie bedeutet nicht und hat nie bedeu-tet, dass es, ausnahmsweise, moralisch sei, ein wenig Ungerechtigkeit, ein wenig Unzucht usw. zuzulassen, um schließlich zu einem mit den aktuellen kulturellen Strömungen erstrebten Kompromiss zu gelangen. Wir kommen jetzt zum spezifischen Problem des Empfangs der Sakra-mente vonseiten der wiederverheirateten geschiedenen Gläubigen. Gegenüber der Lösung, die für das Problem in *Familiaris consortio* Nr. 84 gegeben und vom Schreiben der Kongregation für die Glaubenslehre vom 14. September 1994 bekräftigt wurde, wurde eingewandt, diese Do-kumente würden nicht der Epikie Rechnung tragen. Man beruft sich in vielen Fällen auf die Epikie – die wahrscheinlich mit einem nicht genauer präzisierten Prinzip der Toleranz verwechselt wird –, ohne Hinweise auf das kirchliche Gesetz beizubringen, das angeblich aufgrund seiner All-gemeinheit lückenhaft ist, und ohne die möglichen Fälle anzuzeigen, in denen das der Fall ist. Solange nicht die nötigen Klärungen beigebracht werden, ist der Einwand theologisch und kanonistisch nicht behandel-bar, und es ist nicht zu sehen, wie er in Betracht gezogen werden könnte. Andere haben den Einwand jedoch explizit gegen Kanon 1085 § 2 vor-gebracht, der lautet: »Mag auch eine frühere Ehe aus irgendeinem Grund nichtig oder aufgelöst worden sein, so ist deshalb eine neue Eheschlie-ßung noch nicht erlaubt, bevor die Nichtigkeit bzw. die Auflösung der früheren Ehe rechtmäßig und sicher feststeht.« Der Einwand wäre des-halb auf den Fall des sog. »guten Glaubens« beschränkt: Wenn ein Gläu-biger überzeugt ist, dass seine erste Ehe nichtig war, auch wenn es ihm nicht gelungen ist, die Nichtigkeitserklärung zu erreichen, könne er auf der Basis der Epikie eine zweite kanonische Verbindung schließen, und die Kirche müsse das, auf dieser Basis, erlauben.

Kanon 1085 § 2 ist keine *lex irritans*. In Wirklichkeit kann nur die Gül-tigkeit der ersten Ehe als *veritas rei* das Hindernis des Bandes bedingen. Dennoch stehen wir vor einem sehr wichtigen Gesetz, denn wenn präsumiert werden muss, dass die erste Ehe gültig gewesen ist (can. 1060), muss auch präsumiert werden, dass die Personen (oder eine von ihnen), die sie geschlossen haben, nicht befähigt sind, eine zweite kanonische Verbindung einzugehen, die von der Kirche zu Recht untersagt ist, solange nicht die gesetzlich geforderte Gewissheit besteht, dass kein Hindernis göttlichen Rechts besteht, von dem die Kirche nicht dispensieren kann, wie es das Hindernis des Bandes ist (can. 1085 § 1). Da Kanon 1085 § 2 weder ein positives göttliches Gesetz noch eine *lex irritans* ist, ist es jedenfalls legitim, sich die Frage zu stellen, ob dieses Gesetz in bestimmten Fällen von der Epikie korrigiert werden kann.

Conditio sine qua non dafür, dass man sich legitimerweise auf die Epikie berufen kann, ist, dass eine Situation besteht, in der Kanon 1085 § 2 *deficiat propter universale aliquo modo contrarie.* Das heißt, dass es sich um einen konkreten Fall handeln muss, der vom Gesetzgeber nicht vorhergesehen und vorhersehbar war und der deshalb nicht unter Kanon 1085 § 2 fallen kann, und dass der Gesetzgeber ihn nicht darunter hätte fallen lassen, wenn er ihn sich hätte gegenwärtig halten können. Gemäß der weit gefassten These von Suárez ergäbe sich ein solcher Fall, wenn die Beobachtung von Kanon 1085 § 2 im konkreten Fall a) ein dem Gemeinwohl der Gläubigen entgegenstehendes Ergebnis zur Folge hätte; b) eine schwere oder unerträgliche Last auferlegen würde, ohne dass das vom Allgemeinwohl erfordert wird; c) es offensichtlich wäre, dass der Gesetzgeber, obwohl er auch in diesem Fall verpflichten hätte können, das nicht tun wollte. Prüfen wir die drei Hypothesen nacheinander, und beginnen wir mit den zwei einfacheren.

Was die erste Annahme betrifft [a)], ist nicht zu sehen, dass es einen Fall gäbe, in dem die Beobachtung von Kanon 1085 § 2 dem Gemeinwohl der Gläubigen *contrarie* schaden könnte. Dieser Kanon will sicherstellen, dass in einer Materie von höchster Bedeutung sowohl für das natürliche als auch für das göttliche Recht die *veritas rei* erreicht wird, sodass ehebrecherische Verbindungen vermieden werden. Darüber hinaus bürgt dieser Kanon für das Sakrament und oft auch für das Recht der anderen Partei und der Kinder gegen die subjektive Willkür, er stärkt die Rechtssicherheit in einer Materie von großer gesellschaftlicher Auswirkung, und schließlich erfüllt die Kirche mittels seiner die Pflicht, eine kirchliche und öffentliche Wirklichkeit, wie es die christliche Ehe ist, zu schützen. Man muss hinzufügen, dass in der gegenwärtigen Situation, in der das Bewusstsein von der Unauflöslichkeit der Ehe auch in Ländern langer christlicher Tradition aufgrund der Kultur und der Scheidungsgesetze allmählich verloren geht, das Gemeinwohl der Gläubigen vonseiten der Kirche eine immer aufmerksamere und entschlossenere Sorge um diesen Wert erfordert, dass sie dem aus einem nichtchristlichen kulturellen Drängen hervorgehenden starken Druck nicht nachgibt, der, soweit ihm auch die Gläubigen ausgesetzt sind, der eigentliche Grund der schmerzlichen Situation ist, die alle beklagen.

Was die dritte Hypothese betrifft [c)], scheint es hinsichtlich Kanon 1085 § 2 nach Wortlaut und Stellung innerhalb der kirchlichen Rechtsordnung nicht der Fall zu sein, dass der kirchliche Gesetzgeber beabsichtigt habe oder beabsichtigt, die Feststellung der Gültigkeit der ersten Ehe in irgendeinem Fall dem privaten Urteil zu überlassen. In seiner Ansprache vor der Rota Romana vom 10. Februar 1995 hat der Papst, dem die höchste Gesetzgebungs- und Urteilsgewalt in der Kirche zukommt, in unmissverständlichen Worten seine *mens* ausgedrückt und bei diesem Anlass die unüberwindlichen Gründe bekräftigt, die die Gültigkeit und die Opportunität von Kanon 1085 § 2 stützen: »Wer sich […] anmaßen sollte, die gesetzlichen Verfügungen zur Erklärung der Nichtigkeit einer Ehe zu missachten, würde sich damit außerhalb, ja gegen das authentische kirchliche Lehramt und die rechtliche Ordnung stellen – ein einigendes und für die Einheit der Kirche gewissermaßen auch unersetzliches Element.« Deshalb sollte man »es vermeiden, ›im inneren Bereich‹ Antworten und Lösungen für vielleicht schwierige Situationen zu geben, die man nur in Achtung vor den geltenden rechtlichen Normen aufgreifen und lösen kann«. Der Papst rief schließlich den Grundsatz in Erinnerung, »dass der Diözesanbischof zwar die Vollmacht hat, unter bestimmten Bedingungen von Disziplinargesetzen zu dispensieren; es ist ihm aber nicht erlaubt, von den ›das Prozessrecht betreffenden Gesetzen‹ zu dispensieren (can. 87 § 1)«. Wir müssen daraus schließen, dass die Absicht des Gesetzgebers diesbezüglich absolut klar ist, und die Klarheit der verwendeten Worte stellt ins Licht, dass es sich um eine Frage von größter Bedeutung für das Wohl der Gläubigen handelt. Auf der anderen Seite ist der Bruch der Prozessverfahrensregeln – wie es auch bei den zivilen Rechtssystemen der Fall ist – fast immer gleichbedeutend mit Ungerechtigkeit oder kommt zumindest dem Entzug der Garantien gleich, die das Recht zugunsten der Einzelnen und der ganzen Gemeinschaft festsetzt.

Betrachten wir schließlich die zweite Annahme [b)], wonach man meinen könne, ein konkreter Fall unterliege nicht dem Gesetz, wenn seine Beachtung einen sehr schweren Schaden einschließt – wo man allgemein festhält, dass dann ein menschliches Gesetz nicht verpflichtet – oder einen beachtlichen persönlichen Schaden, der vom Gemeinwohl nicht gefordert wird. Hier müssen einige Klärungen vorgenommen werden. Damit es moralisch möglich ist, sich auf die Epikie zu berufen, muss die Lücke des Gesetzes aus seiner Allgemeinheit, und nur aus dieser, hervorgehen, das heißt aus dem Faktum, dass die Allgemeinheit der Begriffe des Gesetzes bewirkt, dass einige Fälle, die wirklich existieren, nicht unter das Gesetz fallen können. Das bedeutet, dass es nicht möglich ist vorzubringen, dass in einem konkreten Fall die Einheit und Unauflöslichkeit der Ehe schwierige Anforderungen stellt. Auch genügt nicht, dass die fehlende Nichtigkeitserklärung vonseiten eines kirchlichen Gerichts nicht den Erwartungen des Klägers oder des Bandverteidigers entspricht: Das geschieht immer, denn andernfalls hätte der Kläger die Sache nicht betrieben, und der Bandverteidiger hätte nicht die Rolle des Verteidigers angenommen. Es wäre nur dann möglich, sich auf die Epikie zu berufen, wenn – aufgrund außergewöhnlicher Umstände – einer dazu fähigen Person die Ausübung des *ius connubii* abgesprochen würde, in einer vom Gesetzgeber nicht vorhergesehenen und nicht vorhersehbaren Weise und ohne dass das vom Gemeinwohl der Gläubigen gefordert würde, einem Gemeinwohl, das – heute vielleicht mehr als je zuvor – einen sorgfältigen Schutz der Unauflöslichkeit der Ehe fordert. Situationen dieser Art könnten sich in Ländern ergeben, wo, aufgrund außergewöhnlicher politischer Umstände, die Katholiken isoliert sind und keine Möglichkeit haben, mit den kirchlichen Autoritäten zu kommunizieren. Mir scheint, dass die Antwort des damaligen Heiligen Officium vom 27. Januar 1949 sich auf eine solche Situation bezieht, in der festgestellt wurde, dass die Ehen der chinesischen Gläubigen gültig waren, die einerseits nicht ohne große Schwierigkeit bestimmte kirchliche Hindernisse beachten und andererseits von der Feier der Hochzeit nicht Abstand nehmen oder sie verschieben konnten. Die Antwort präzisierte, dass es sich um *Hindernisse* handeln musste, *von denen die Kirche normalerweise dispensiert.* Gegenwärtig sind besondere Verfahrensregeln in Kraft für Fälle, in denen die Nichtigkeit genügend manifest ist, es aber aus verschiedenen Gründen nicht möglich ist, die Sache einzuleiten: Siehe die *Declaratio de competentia Dicasteriorum Curiae Romanae in causis nullitatis matrimonii post Cost.* ›*Regimini Ecclesiae Universae*‹, veröffentlicht von der Segnatura Apostolica am 22. Oktober 1970.

Unter Voraussetzung der im CIC von 1983 (can. 1536 § 2 und can. 1679) und im CCEO (can. 1217 § 2 und can. 1365) aufgestellten Normen hinsichtlich der Beweiskraft der Erklärungen der Prozessparteien im Nichtigkeitsprozess ist es schwierig, sich andere Situationen vorzustellen, die, aufgrund ihrer außergewöhnlichen Umstände, nicht unter die geltenden kanonischen Normen fallen würden. Wie gesagt: Die subjektive Überzeugung der Parteien berechtigt nicht anzunehmen, dass das kirchliche Gesetz in diesem Fall *deficit propter universale.* Das Gegenteil zu behaupten würde der subjektiven Überzeugung einen absoluten Primat hinsichtlich der eigenen Sache einräumen, als wäre sie ein viel sichererer Zugangsweg zur *veritas rei* als der Prozess oder das Verfahren aufgrund von Urkunden (can. 1686-1688). Es ist richtig, dass man den guten Glauben der Parteien unterstellt, es ist aber auch richtig, einerseits, dass – wenn ihre subjektive Überzeugung über die Nichtigkeit der ersten Ehe wohl begründet ist – nicht einzusehen ist, warum die Parteien und die Verteidigung das nicht den Richtern übermitteln können, und andererseits, dass es eine Sache ist, einen innerlichen Tatbestand (den eventuellen Konsensmangel zum Beispiel) zu kennen, und eine andere Sache, imstande zu sein, ihn rechtlich einzuschätzen. Es gilt immer noch die Warnung von Pius XII.: »Was die *Nichtigkeitserklärungen von Ehen* betrifft [...]. Wer wüsste nicht, dass die Herzen der Menschen in nicht wenigen Fällen leider geneigt sind [...] zu versuchen, sich vom schon geschlossenen Eheband zu befreien?«[7]

Dass den betroffenen Parteien eine Art Befähigung zur Selbsterklärung der Nichtigkeit einzuräumen ein rechtlich und moralisch inakzeptabler Vorschlag ist, wird in gewisser Weise durch die Tatsache hervorgehoben, dass die jüngsten Vorschläge zugunsten des Falles »guten Glaubens« selbst die Intervention – einigen zufolge – eines erfahrenen Priesters und – anderen zufolge – einer besonderen diözesanen Einrichtung pastoralen Charakters verlangen. Es ist dann nicht einzusehen, warum ein Priester oder eine diözesane Einrichtung eine *veritas rei* erreichen können soll, die von einem ebenfalls diözesanen Gericht oder einem Gericht des Heiligen Stuhls nicht erreicht werden könnte. Das alles legt nahe, dass es sich einfach um den – gut gemeinten – Versuch handelt, ein schwieriges Problem unter Umgehung des geltenden Kirchenrechts zu lösen. Hinzuzufügen ist, dass Personen mit großer Kompetenz und breiter Erfahrung glauben, dass es praktisch keinen Fall gibt, in dem für eine nichtige Ehe nicht mit den geltenden kanonischen Normen im rechtlichen Bereich der Beweis ihrer Nichtigkeit geführt werden könnte.

Aufgrund dieser Überlegungen ist es möglich zu behaupten, dass die Existenz konkreter, wirklich bestehender Fälle, die nicht rechtmäßig unter die gegenwärtig geltende kanonische Gesetzgebung fallen, erst noch bewiesen werden muss. Sicher ist niemand in der Lage, für die Zukunft absolut auszuschließen, dass unvorhergesehene außergewöhnliche Umstände Situationen solcher Art schaffen können. Aber auch bei dieser Annahme muss unter der Voraussetzung des sakramentalen und öffentlichen Charakters der christlichen Ehe, wenn es möglich ist zu warten, auf die zuständige Autorität rekurriert werden, die in jedem Fall mittels Dekreten oder Dispensen eingreifen kann, wie sie es in der Vergangenheit im vorhin zitierten Fall in China gemacht hat.

Halten wir schließlich fest, dass wahrscheinlich einige von denen, die sich im Allgemeinen auf die Epikie berufen haben, weniger an die Gültigkeit der zweiten Verbindung gedacht haben, sondern an die Möglichkeit des Kommunionempfangs vonseiten geschiedener und wiederverheirateter Gläubiger, deren erste Verbindung sicher gültig gewesen ist.

---

7 Ansprache an die Rota Romana, 3. Oktober 1941, Nr. 2.

Wenn auch manchmal ausschließlich vom Empfang der Eucharistie vonseiten dieser Gläubigen gesprochen wird, lautet jedoch das wirkliche Problem, ob diese Gläubigen das Sakrament der Buße empfangen können, das heißt ob sie in der Lage sind, *gültig* die sakramentale Absolution zu erhalten. Letztere Frage muss gestellt werden, auch mit Bezug auf andere mögliche Sünden, die von diesen Gläubigen begangen wurden, denn hinsichtlich der Notwendigkeit des Standes der Gnade für den Kommunionempfang ist es nicht möglich, sich auf die Epikie zu berufen, da diese Notwendigkeit dem göttlichen Recht entspricht und in der Natur der Dinge selbst liegt. Das katholische Recht und die katholische Moral sehen explizit vor, welches die Fälle sind, in denen es möglich ist, dass keine sakramentale Beichte vorausgeht, wobei präzisiert wird, dass in diesen Fällen ein Akt vollkommener Reue erweckt werden muss, der den Vorsatz miteinschließt, sobald wie möglich zu beichten (can. 916), und den Vorsatz, die Sünde in Zukunft zu meiden.

Am Ende dieser Überlegungen kann festgehalten werden, dass die Epikie die moralische Tugend ist, die das richtige Verhalten herausfindet, das in *einzelnen Situationen* an den Tag zu legen ist, die, aufgrund ihres außergewöhnlichen Charakters, nicht unter das fallen, was die kanonische Ordnung allgemein vorsieht. Die jüngsten Vorschläge betreffend die geschiedenen und wiederverheirateten Gläubigen berufen sich hingegen auf sie als mögliches Fundament einer alternativen Lösung für ein *allgemeines Problem,* wodurch offensichtlich wird, dass ihre Berufung auf die Epikie ziemlich unangemessen und außerdem der großen Tradition der katholischen Moraltheologie fremd ist. Was solche Vorschläge darlegen, ist ein neues allgemeines Kriterium der Toleranz, dessen Kompatibilität mit der Unauflöslichkeit und der Sakramentalität der christlichen Ehe erst zu beweisen wäre und das einem Gewissensbegriff entspricht, den die Kirche nicht akzeptieren kann.[8]

---

8 Vgl. *Veritatis splendor*, Nr. 54–64: II. Gewissen und Wahrheit.

Piero Giorgio Marcuzzi SDB

Die Anwendung von »Aequitas und Epieikeia« auf die Inhalte des Schreibens der Kongregation für die Glaubenslehre vom 14. September 1994

Die gültige Gesetzgebung

In der Gesetzgebung des pio-benediktinischen Codex wurde im Kanon 855 bezüglich der Gläubigen, die sich in der objektiven Situation der schweren habituellen Sünde befinden, angeordnet: Öffentlich Unwürdige wie Exkommunizierte, Interdizierte oder der Sühnestrafe des öffentlichen Ehrverlusts Unterworfene sind, wenn sie nicht bereut und das Ärgernis beseitigt haben, von der heiligen Kommunion fernzuhalten; gleichfalls gab es die Bestimmung, dass die zur Kommunion zugelassen werden konnten, die sie öffentlich erbaten und nicht übergangen werden konnten, ohne dass das bei den anderen Gläubigen, die die Kommunion empfingen, Ärgernis erregt hätte. Das Augenmerk des Kanons war also vorwiegend auf die *ratio scandali*, das Ärgernis, gerichtet; im Übrigen gab es damals nur ganz wenige Personen, die nach einer Scheidung wieder geheiratet hatten.

Bei der Revision des besagten Kanons gab es mehrere Redaktionen, die den vorhergehenden Text vereinfachten und seine Reichweite eingrenzten:

> Zur Kommunion dürfen nicht zugelassen werden, die eine schwere und öffentliche Sünde begangen haben und offenkundig im bösen Willen verharren.

Auf die Beobachtung bezüglich der Milderung der Bestimmung im Vergleich mit dem CIC von 1917 – dass das Ärgernis nicht erwähnt wird – wurde geantwortet, der Text würde trotz seiner Kürze deswegen genügen, weil er die Schwere des Aktes, seine Öffentlichkeit und den bösen Willen des Gläubigen in Betracht ziehe. Es wurde hinzugefügt, dass die Bestimmung selbst zweifellos auch die wiederverheirateten Geschiedenen betreffe: Trotz der nicht ausdrücklichen Nennung im Text war die Absicht der Revisoren klar.

Die vorgebliche Lücke des geplanten Kanons wurde von Papst Johannes Paul II. im Apostolischen Schreiben *Familiaris consortio* vom 22. No-

vember 1981 (in Nr. 84) mit der ausdrücklichen Anwendung auf die wiederverheirateten Geschiedenen geschlossen:

> Die Kirche bekräftigt jedoch ihre auf die Heilige Schrift gestützte Praxis,
> wiederverheiratete Geschiedene nicht zum eucharistischen Mahl zuzu-
> lassen.

Die Gründe legte er im Folgenden so dar:

> Sie können nicht zugelassen werden; denn ihr Lebensstand und ihre Le-
> bensverhältnisse stehen in objektivem Widerspruch zu jenem Bund der
> Liebe zwischen Christus und der Kirche, den die Eucharistie sichtbar und
> gegenwärtig macht. Darüber hinaus gibt es noch einen besonderen Grund
> pastoraler Natur: Ließe man solche Menschen zur Eucharistie zu, be-
> wirkte dies bei den Gläubigen hinsichtlich der Lehre der Kirche über die
> Unauflöslichkeit der Ehe Irrtum und Verwirrung.

Die im Apostolischen Schreiben angeführten Gründe heben an erster
Stelle das Gewicht der Vorschrift der Nichtzulassung der wiederverheirateten Geschiedenen zur Eucharistie hervor. Der erste Grund dafür
gründet auf der Negation der wesentlichen Eigenschaften der Naturehe:
der Einheit und der Unauflöslichkeit; diese Eigenschaften erhalten in der
christlichen Ehe durch das Sakrament eine besondere Festigkeit. Damit
ist die Analogie der christlichen Ehe mit der unauflöslichen Einheit zwischen Christus und der Kirche gegeben. Es handelt sich deshalb um ein
natürliches Gesetz, das dem ursprünglichen Institut der Ehe eigen ist,
das von Christus Jesus zur Vollendung geführt wird (vgl. Mt 5,17). Der
zweite Grund ist die *ratio scandali*, die die Gläubigen in Verwirrung und
zum Zweifel im Glauben führen könnte; die Kirche hat diesem Grund
immer ein außerordentliches Gewicht beigemessen, sodass im CIC eine
allgemeine Norm promulgiert wurde, die die schwere Verletzung eines
göttlichen oder kanonischen Gesetzes mit Strafe belegt, um Ärgernis-
sen zuvorzukommen oder sie zu beheben (can. 1399). Zu bemerken ist,
dass für die Auferlegung einer Kirchenstrafe immer die schwerwiegende
Zurechenbarkeit wegen Vorsatz oder Fahrlässigkeit erforderlich ist
(can. 1321 § 1).
Auf das eben zitierte allgemeine Prinzip des Apostolischen Schreibens
folgt das Prinzip, das man ein außerordentliches Prinzip nennen könnte:

> Die Wiederversöhnung im Sakrament der Buße, das den Weg zum Sak-
> rament der Eucharistie öffnet, kann nur denen gewährt werden, welche
> die Verletzung des Zeichens des Bundes mit Christus und der Treue zu
> ihm bereut und die aufrichtige Bereitschaft zu einem Leben haben, das

nicht mehr im Widerspruch zur Unauflöslichkeit der Ehe steht. Das heißt konkret, dass, wenn die beiden Partner aus ernsthaften Gründen – zum Beispiel wegen der Erziehung der Kinder – der Verpflichtung zur Trennung nicht nachkommen können, ›sie sich verpflichten, völlig enthaltsam zu leben, das heißt, sich der Akte zu enthalten, welche Eheleuten vorbehalten sind‹ (Nr. 84e).

Dieses außerordentliche Prinzip, das in gewisser Weise über dem ersten und fundamentalen Anspruch des allgemeinen Prinzips steht, scheint aber die *ratio scandali* nicht gänzlich beseitigen zu können, insofern – trotz des Abbruchs der sexuellen Beziehungen – das gemeinsame Leben fortgesetzt wird. Schon damit ist eine offensichtliche Anwendung der kanonischen Billigkeit gegeben.

Das geltende Recht, das im CIC 1983 im Kanon 915 wiedergegeben ist, spricht klar das Verbot aus: Zur heiligen Kommunion dürfen nicht nur die Gläubigen nicht zugelassen werden, über die die kanonische Beugestrafe der Exkommunikation oder des Interdikts rechtlich verhängt oder festgestellt ist, sondern auch die anderen Gläubigen, die hartnäckig in einer offenkundigen schweren Sünde verharren. Dass die wiederverheirateten Geschiedenen in einer offenkundigen schweren Sünde leben, wird von Papst Johannes Paul II. im nachsynodalen Apostolischen Schreiben *Reconciliatio et paenitentia* vom 2. Dezember 1984 in Nr. 34 gesagt, wenn es dort heißt:

Die Kirche […] kann ihre Söhne und Töchter, die sich in jener schmerzlichen Lage befinden, nur dazu einladen, sich auf anderen Wegen der Barmherzigkeit Gottes zu nähern, jedoch nicht auf dem Weg der Sakramente der Buße und der Eucharistie, solange sie die erforderlichen Voraussetzungen noch nicht erfüllt haben. Zu diesem Problem, das auch unser Herz als Hirten schwer bedrückt, habe ich mich verpflichtet gefühlt, im Apostolischen Schreiben *Familiaris consortio* ein deutliches Wort zu sagen, was den Fall der wiederverheirateten Geschiedenen betrifft oder allgemein jene Christen, die unrechtmäßig zusammenleben.

Der *Katechismus der Katholischen Kirche* nimmt die Lehre des Apostolischen Schreibens *Familiaris consortio* auf und legt (Nr. 1650) dar:

Falls Geschiedene zivil wiederverheiratet sind, befinden sie sich in einer Situation, die dem Gesetze Gottes objektiv widerspricht. Darum dürfen sie, solange diese Situation andauert, nicht die Kommunion empfangen. Aus dem gleichen Grund können sie gewisse kirchliche Aufgaben nicht ausüben. Die Aussöhnung durch das Bußsakrament kann nur solchen gewährt werden, die es bereuen, das Zeichen des Bundes und der Treue zu

Christus verletzt zu haben, und sich verpflichten, in vollständiger Enthaltsamkeit zu leben.

Aufgrund der angeführten Dokumente kann man zu Recht folgern, dass der Ausdruck *obstinate perseverantes* (die hartnäckig verharren) im Kanon 915 des CIC in erster Linie den bösen Willen der geschiedenen Gläubigen umfasst, die sich gegen das Gesetz Gottes und der Kirche wieder verheiratet haben, aber auch den einfachen Willen der geschiedenen Gläubigen, die, obwohl sie die schwere Sünde, die sie dadurch begangen haben, dass sie eine zivile Ehe angestrebt haben, bereut haben, fortfahren *more uxorio* zusammenzuleben, auch wenn die Situation sich nicht länger als »hartnäckig« darstellt, sondern nur als »notwendig«.

Aus dem bisher Ausgeführten kann man folgern, dass das Schreiben der Kongregation für die Glaubenslehre *Annus Internationalis Familiae* vom 14. September 1994 in Nr. 6 nichts anderes macht, als die ständige Lehre der Kirche zu bekräftigen:

> Gläubige, die wie in der Ehe mit einer Person zusammenleben, die nicht ihre rechtmäßige Ehegattin oder ihr rechtmäßiger Ehegatte ist, dürfen nicht zur heiligen Kommunion hinzutreten.

Nun fragen manche, ob die Prinzipien der Billigkeit und der Epikie auf den Fall der Zulassung der wiederverheirateten Geschiedenen zur heiligen Kommunion angewendet werden können. Sie sagen, gemäß der traditionellen Lehre der Kirche müsse die allgemeine Norm immer auf die konkrete Person und ihre individuelle Situation bezogen werden, ohne dass damit die Norm aufgehoben würde. Aus diesem Grund hat die Lehrüberlieferung der Kirche die *Epikie* und das Kirchenrecht das Prinzip der *aequitas canonica* entwickelt. Es handle sich also nicht um die Annullierung des geltenden Rechts und der gültig bleibenden Norm, sondern nur um ihre Anwendung in schwierigen und komplexen Situationen gemäß »Gerechtigkeit und Billigkeit«, sodass der Singularität der verschiedenen Personen Gerechtigkeit widerfahren lassen werden kann.

AEQUITAS CANONICA

Die *aequitas canonica* zählt nicht zu den Quellen, mit denen die Lücken eines Gesetzes ausgefüllt werden, worüber Kanon 19 des CIC handelt; sie zeigt vielmehr die Art und Weise an, wie im Ausgleich der Rechtslücken die allgemeinen Rechtsprinzipien angewendet werden müssen. Das Adjektiv *canonica* fügt zur Billigkeit ein besonderes Merkmal hinzu, das sie als Eigenschaft der Kirchenordnung ausweist und durch das somit

die Billigkeit zu einer tatsächlich dem Kirchengesetz selbst innewohnenden Eigenschaft wird; das ist der Grund, warum der Begriff *aequitas* mit
dem Adjektiv *canonica* verbunden wird. Auf dieser Grundlage vertiefen
die Autoren die kanonische Billigkeit, und zwar nicht nur im Kommentar zum Kanon 19, mit Bezug auf die *analogia iuris* als Mittel des Aus-
gleichs des Mangels eines Gesetzes, sondern sie handeln davon eigens in
der allgemeinen Einführung über die Rede vom kanonischen Recht als
solchem. S. E. Mons. Mario F. Pompedda, Dekan der Rota Romana,
führt dazu aus:

> [...] die *spezifisch kanonische Billigkeit* bildet ein Ganzes, einen einzigen
> Leib mit der Ordnung der Kirche, und das heißt, sie ist nicht nur passend,
> sondern wirkt in ihrem Inneren als wesentlicher in ihr enthaltener und
> wirkender Faktor;

und er fügt hinzu:

> Im Gesetz der Kirche wird die Billigkeit nämlich als *aequitas canonica* be-
> zeichnet, wobei das Adjektiv eine Konstante bezeichnet: die Besonder-
> heit des Instituts im Hinblick auf andere Ordnungssysteme.[1]

In einem allerdings unterschiedlichen Sinn wird die Billigkeit als wohlwollende Anwendung des Gesetzes vonseiten der öffentlichen Autorität
verstanden, nämlich als »die von der Milde der Barmherzigkeit gemä-
ßigte Strenge des Rechts«. Diese Definition hat ihre Quelle in der Definition aus dem Jahr 1271, die vom Kardinal *Hostiensis* – Heinrich von
Susa – stammt: »Aequitas est iustitia dulcore misericordiae temperata«.[2]
In Bezug auf die Billigkeit – betrachtet im doppelten Aspekt als Merkmal des Kirchenrechts und zugleich in ihrer Eigenschaft in der Anwendung des Gesetzes – sind zwei wichtige Ansprachen von Papst Paul VI.
an die Auditoren der Rota Romana von grundlegender Bedeutung. In
der ersten der beiden Ansprachen vom 29. Januar 1970 veranschaulicht
er die Notwendigkeit einer Vertiefung der Billigkeit vor allem im Amt
des kirchlichen Richters,[3] in der zweiten Ansprache vom 8. Februar 1973,
die unter den Quellen zu Kanon 19 aufgeführt wird, definiert er die Billigkeit als »ein erhabenes Ideal und eine wertvolle Verfahrensregel«. Er
fährt in dieser Ansprache fort mit dem Zitat einer Stelle aus dem Drit-

---

1 M. F. Pompedda, L'equità nell'ordinamento canonico, in: Studi sul Primo Libro del
   »Codex Iuris Canonici«, hg. von Sandro Gherro, Padua 1993, S. 7.
2 Henrici Cardinalis Hostiensis Summa Aurea, liber V, tit. De dispensationibus, n. 1,
   Lugduni MDLVI, p. 430vb.
3 AAS 62 (1970), 112–118.

ten Prinzip der Revision des CIC: »Der Codex soll nicht nur die Gerechtigkeit, sondern auch eine kluge Billigkeit pflegen, die Frucht der Güte und der Liebe ist; die Übung dieser Tugenden zu wecken soll der Codex das Unterscheidungsvermögen und die Wissenschaft der Hirten und der Richter anzuregen eifrig bemüht sein.«[4] Nach der Darlegung des pastoralen Wesens des Rechts in der Kirche greift Paul VI. die Definition der Billigkeit von Hostiensis auf und preist ihren Wert, wenn er sagt:

> Die Billigkeit stellt eine der höchsten Bestrebungen des Menschen dar. Wenn das soziale Leben die näheren Bestimmungen des menschlichen Gesetzes aufdrängt, so sind jedoch von seinen Normen, die unvermeidlich generell und abstrakt sind, die konkreten Umstände, in denen die Gesetze angewendet werden, nicht vorauszusehen. Angesichts dieses Problems hat das Recht versucht, den *rigor iuris* zu verbessern, richtigzustellen und auch zu korrigieren; dies geschieht durch die Billigkeit, die so die menschlichen Bestrebungen nach einer besseren Gerechtigkeit verwirklicht.

Schließlich präzisiert Paul VI. den Umfang der Billigkeit:

> Im kanonischen Recht prägt die *Billigkeit*, die die christliche Tradition von der römischen Jurisprudenz übernommen hat, die Eigenschaft ihrer Gesetze, die Norm ihrer Anwendung, eine Geisteshaltung, die die Strenge des Rechts mäßigt.[5]

Johannes Paul II. hielt am 18. Januar 1990 ebenfalls eine Ansprache an die Auditoren der Rota Romana über den pastoralen Charakter des kirchlichen Rechts mit Bezug auf die Billigkeit und mit dem Verweis auf

> eine vielleicht verständliche Zweideutigkeit [...], die aber deswegen nicht weniger Schaden stiften kann [...]. Die Verfälschung besteht darin, dass man nur den mäßigenden und humanitären Aspekten, die unmittelbar mit der *aequitas canonica* verbunden werden können, pastorale Tragweite und Absichten zuschreibt; man meint also, nur die Ausnahmen bei den Gesetzen und das eventuelle Vermeiden von Prozessen und kanonischen Strafen und die schnellere Abwicklung der rechtlichen Formalitäten seien pastoral wirklich bedeutsam. Man vergisst dabei, dass auch die Gerechtigkeit und das strenge Recht [...] von der Kirche zum Wohl der Seelen gefordert werden und damit innerlich pastorale Wirklichkeiten sind, und er fügt hinzu:

---

4 Communicationes 1 [1969], S. 79.
5 AAS 65 (1973), 95–96.99.

Die wahre Gerechtigkeit in der Kirche, von Liebe belebt und von der Billigkeit ausgeglichen, muss immer ein besonderes Kennzeichen der Pastoral sein. Es kann keine Ausübung echt pastoraler Liebe geben, wenn sie nicht vor allem die pastorale Gerechtigkeit berücksichtigt.[6]

Um das oben gestellte Problem zu lösen, fragt man sich dann, ob die Anwendung der Billigkeit auf die allgemeine Norm der Nichtzulassung der wiederverheirateten Geschiedenen zur heiligen Kommunion nach Kanon 915 und in Übereinstimmung mit allen anderen angeführten kirchlichen Dokumenten, eingeschlossen das Schreiben der Kongregation für die Glaubenslehre vom 14. September 1994, möglich ist.
Die Antwort ist negativ, da die Korrektur des *rigor iuris* nicht in einem Gesetz erfolgen kann, das nicht konstitutiv von der Autorität der Kirche ausgeht, sondern natürlichen Rechts ist. Das Verbot gründet nämlich nicht auf einem einfachen menschlichen – wenn auch dem Recht der Kirche eigenen – Gesetz, sondern auf einem göttlichen Gesetz, dem Gesetz der Einheit und der Unauflöslichkeit des Ehebandes, sowohl der Naturehe als auch, mit größerer Festigkeit, der Ehe als Sakrament der Kirche; demgemäß legt Kanon 1056 dar:

Die Wesenseigenschaften der Ehe sind die Einheit und die Unauflöslichkeit, die in der christlichen Ehe im Hinblick auf das Sakrament eine besondere Festigkeit erlangen.

Dass die wiederverheirateten Geschiedenen Barmherzigkeit verdienen, stimmt absolut überein mit der göttlichen Güte und der pastoralen Sorge der Kirche; aber ebenso wahr ist, dass sie weiterhin »hartnäckig in einer offenkundigen schweren Sünde verharren«. Das einzige Korrektiv, das sie zur heiligen Kommunion zulassen würde, ist die vom Apostolischen Schreiben *Familiaris consortio* beschriebene Situation, wie sie oben wiedergegeben wurde.
Die italienische Bischofskonferenz führt im *Direktorium* für Familienpastoral für die Kirche in Italien aus:

Nur wenn die wiederverheirateten Geschiedenen aufhören, solche zu sein, können sie zu den Sakramenten zugelassen werden. Es ist deshalb nötig, dass sie in Reue darüber, das Zeichen des Bundes und der Treue zu Christus verletzt zu haben, aufrichtig bereit sind zu einer Art des Zusammenlebens, die nicht mehr im Widerspruch steht zur Unauflöslichkeit der Ehe, entweder durch körperliche Trennung oder, wenn möglich, durch Rückkehr zum ursprünglichen ehelichen Zusammenleben oder mit der

---

6 AAS 82 (1990), 873–874.

Verpflichtung zu einer Art des Zusammenlebens, die die Enthaltung von Akten vorsieht, die Eheleuten vorbehalten sind. [...] In diesem Fall können sie die sakramentale Lossprechung erhalten und, um das Ärgernis zu vermeiden, in einer Kirche, wo sie nicht bekannt sind, zur Kommunion gehen.

Diese Vorgehensweise begegnet so der *ratio scandali*, die einer der Gründe für die Nichtzulassung ist.

Es ist dann, auf der Grundlage des eben zitierten Textes, anzumerken, dass es sich nicht so sehr darum handelt, die *aequitas canonica* auf die Bestimmung des Kanon 915 anzuwenden, sondern vielmehr um die Unmöglichkeit, sie auf den Kanon 1056 anzuwenden, aus dem Kanon 915 folgt. Kanon 1056 formuliert ein Gesetz natürlichen Rechts, das vom positiven göttlichen Recht bekräftigt wird; deshalb gibt es für dieses Gesetz aufgrund seiner Natur keinerlei Möglichkeit der Lockerung der sogenannten Strenge des Gesetzes, die mit der Anwendung der Billigkeit gegeben wäre.

EPIEIKEIA

Die Schlussfolgerung hinsichtlich der Anwendung der Billigkeit gilt ebenso für die Anwendung der Epikie auf den Kanon 915 und auf die daraus folgende Nichtzulassung der wiederverheirateten Geschiedenen zur Kommunion.

Epieikeia kann so beschrieben werden:

> Subjektive Gewissensnorm, die aufgrund des eigenen inneren Urteils sich von der Befolgung des Gesetzes entschuldigt sieht in Fällen und Situationen besonderer Schwierigkeit, die sie äußerst belastend machen würde.[7]

Ein anderer Autor präzisiert diesbezüglich:

> Von großer Bedeutung ist das Prinzip der Epikie, das nicht als Ausweg für den betrachtet werden darf, der das Gesetz nicht befolgen will, oder als Korrektur der Strenge des Rechts, als würde ein außerrechtliches Prinzip eingeführt. Das Prinzip der Epikie ist tatsächlich ein nicht nur moralisches, sondern auch völlig rechtliches Prinzip: Mittels seiner stellen wir fest, dass das fragliche Gesetz in einem besonderen Fall nicht verpflichtet. Da das Gesetz in seiner Proposition allgemein ist und daher

---

7 L. Chiappetta, Prontuario di diritto canonico e concordatario, voce *epikeia*, Rom 1994, S. 523.

alle unter gewöhnlichen Umständen verpflichtet und nicht auf besondere einzelne Fälle eingehen kann, sieht der Gesetzgeber vor, dass bei einer Schwierigkeit in der Anwendung des Gesetzes die Verpflichtung nicht dringlich ist. Deshalb kann, wenn es moralisch gewiss ist, dass der Gesetzgeber, wenn er den besonderen Fall, in dem die Umstände der Anwendung des Gesetzes entgegenstehen, gekannt hätte, davon entpflichtet hätte, und es unmöglich ist, um Dispens zu bitten, dieses Prinzip angewendet werden.[8]

In der Vergangenheit wurde *aequitas* in eine so enge Beziehung zur *epieikeia* gesetzt, dass man dahin gelangte, die beiden Begriffe gleichzusetzen.[9] Nach Aristoteles und nach Thomas von Aquin, der Aristoteles kommentiert, ist Billigkeit eine Korrektur des Gesetzes, wenn seine Anwendung im konkreten Fall, weil es allgemein formuliert ist, ungerecht ist. In der Folgezeit wird der Begriff bei den Theologen dann verwendet, allgemein eine bestimmte wohlwollende Auslegung des Gesetzes in den Fällen anzuzeigen, wo seine Anwendung eher schädlich denn vernünftig wäre.[10]
Da die *epieikeia* ihren Ort im Gewissen der Person hat, ist ihre Anwendung nur bei den Gesetzen möglich, die in der menschlichen Gesellschaft positiv festgesetzt wurden, sei es im bürgerlichen, sei es im kanonischen Recht; und nicht bei den Gesetzen, die von einer höheren Autorität auf der Grundlage der Natur des Menschen und der Offenbarung festgesetzt wurden. Um dazu einen Autor von beträchtlichem Gewicht zu zitieren: Vermeersch sagt:

Im natürlichen Gesetz gibt es keinen Platz für die sogenannte Epikie, da die Grundlage für dieses Gesetz die rechte Vernunft ist, wenn es verbietet, was in sich widerrechtlich ist, und die für die Menschen unerlässliche Ordnung sichert, auch in einem besonderen Fall.[11]

Ein weiterer Autor erklärt ausführlich:

---

8 G. Ghirlanda, Il diritto nella Chiesa mistero di comunione, n. 601, Cinisello Balsamo [Mailand] 1993, S. 447–448.
9 STh II-II, q. 120, a. 1, corpus.
10 A. Vanhoye SJ, De legibus ecclesiasticis [= Commentarium Lovaniense in Codicem Iuris Canonici, Volumen I, Tomus II], n. 267–295, Mecheln – Rom 1930, S. 275–304; O. Bucci, Per una storia dell'equità, in: Apollinaris 63/1990, S. 257–317, mit nahezu erschöpfender Bibliografie.
11 A. Vermeersch SJ, Theologiae moralis principia, responsa, consilia, Tomus I, Theologia fundamentalis, n. 200, Paris – Rom 1926, S. 195.

Da der Gesetzgeber bei den menschlichen Gesetzen nicht alle Umstände vorhersehen kann, die mit dem einzelnen Fall einhergehen, kann es passieren, dass ein Gesetz in diesem bestimmten Fall nicht zutrifft, das heißt, dass es, anstelle gerecht und zweckdienlich zu sein, in Wirklichkeit nutzlos, sogar ungerecht ist. In diesem Fall nimmt man vernünftigerweise mittels der Epikie an, dass der Gesetzgeber, wenn er jeden Fall hätte vorhersehen können, *in diesem Fall* den Untergebenen nicht zur Beachtung des Gesetzes verpflichtet hätte. Aber das alles kann nicht eintreten beim natürlichen Gesetz, denn es ist nicht möglich, dass dieses, das in der Natur des Menschen selbst seinen Grund hat und aus Gott als dem höchsten und weisesten Gesetzgeber hervorgeht, in sich selbst mangelhaft werden kann; und es ist auch nicht möglich, dass ein besonderer Fall eintritt, der vom allwissenden Gesetzgeber nicht vorhergesehen worden wäre.[12]

Abschließend eine Stelle von Anselm Günthör:

Die wesentlichen naturgesetzlichen Verbote lassen keinen Entschuldigungsgrund zu, auch keine Epikie [...]. Diese Verbote schützen grundlegende Werte des Menschseins. Da der Mensch in jeder Situation Mensch bleibt und die hauptsächlichen naturgesetzlichen Weisungen gerade zur menschlichen Bewältigung der Situationen anleiten, ist es nicht denkbar, dass diese Normen einmal aufgegeben werden dürften.[13]

Außerdem hat die Ehe von sich aus öffentlichen Charakter. Sie ist durch ihre Natur ein gesellschaftliches Faktum, wie S. E. Mons. Pompedda in seinem Beitrag vortrefflich darlegt. Daraus folgt: Ein subjektives Urteil über die Nichtigkeit der eigenen Ehe kann nicht subjektiv über ein öffentliches Verhalten, wie es der Zutritt zur Kommunion ist, entscheiden, und zwar aufgrund der Vorschrift und der Gründe, die das Apostolische Schreiben *Familiaris consortio* enthält und darlegt. Was dann die Beurteilung der Nichtigkeit der eigenen Ehe mit absoluter moralischer Gewissheit betrifft, ist an das alte Axiom zu erinnern: »nemo iudex in causa propria«, »niemand ist Richter in eigener Sache«; und selbst die Hinzuziehung einer in dieser Hinsicht erfahrenen Person, die eine solche Gewissheit bekräftigen, aber nur sehr schwer zu einer absoluten Gewissheit führen könnte, darf nicht den Kanon 1060 vergessen lassen, der lautet: »Die Ehe erfreut sich der Rechtsgunst, deshalb ist im Zweifelsfall

12 L. J. Fanfani OP, Manuale theorico-practicum theologiae moralis ad mentem D. Thomae, Tomus I, Pars fundamentalis, n. 122, Rom 1950, S. 197–198.
13 A. Günthör, Anruf und Antwort. Handbuch der katholischen Moraltheologie. Bd. I: Allgemeine Moraltheologie, Vallendar-Schönstatt 1993, Nr. 330 (S. 282).

an der Gültigkeit der Ehe so lange festzuhalten, bis das Gegenteil bewiesen wird«, und zwar im Forum externum.[14]

Daraus folgt der Schluss: Es ist nicht möglich, das Institut der Epikie auf die Norm des Kanons 915 in Bezug auf die Zulassung der wiederverheirateten Geschiedenen zur Kommunion anzuwenden, vor allem auf der Basis des Fundaments des natürlichen Rechts, bekräftigt vom positiven göttlichen Recht, das dieses Verbot rechtfertigt, das auch die *ratio scandali* einschließt. In der Ansprache, die Johannes Paul II. am 10. Februar 1995 vor der Rota Romana gehalten hat, bekräftigte er:

Ein von der Norm oder dem objektiven Gesetz abweichender Akt ist daher moralisch abzulehnen und muss als solcher angesehen werden: Wenn es wahr ist, dass der Mensch in Übereinstimmung mit dem Urteil des eigenen Gewissens handeln muss, so bleibt doch ebenso wahr, dass das Gewissensurteil sich nicht anmaßen darf, das Gesetz aufzustellen; es darf das Gesetz nur anerkennen und sich zu eigen machen.[15]

---

14 Vgl. M. F. Pompedda, Problematiche canonistiche, in: L'Osservatore Romano, 18. Nov. 1994; siehe den Beitrag oben.

15 AAS 87 (1995), 1017.

GILLES PELLAND SJ

Die Praxis der frühen Kirche hinsichtlich der wiederverheirateten geschiedenen Gläubigen

Die Alte Kirche hat sehr klar das *Prinzip* der Unauflöslichkeit der Ehe vertreten. Unzählige Zeugnisse greifen die Lehre der Evangelien auf, wie man sie insbesondere bei Markus findet. Sie ist unmissverständlich:

> Wer seine Frau aus der Ehe entlässt und eine andere heiratet, begeht ihr gegenüber Ehebruch. Auch eine Frau begeht Ehebruch, wenn sie ihren Mann aus der Ehe entlässt und einen anderen heiratet (Mk 10,11–12).[1]

Die Frage, mit der ich mich aber hier beschäftigen will, ist eine andere: Hat die Alte Kirche *in der Praxis* vielleicht *Ausnahmen vom Prinzip* der Unauflöslichkeit zugelassen? Die Einschaltungen bei Matthäus werfen die Frage schon zur Zeit des Neuen Testaments auf: Berechtigt der Ehebruch der Frau nur ihre Entlassung oder auch eine neue Heirat des Mannes (Mt 5,31–32; 19,9)?[2] Man kann – ohne das ganze Problem allein auf den Fall des Ehebruchs der Frau einzuschränken – die Frage allgemeiner stellen: Was war *in der Praxis* die Haltung der Kirche der ersten Jahrhunderte gegenüber denen – Männern und Frauen –, die, nach der Trennung (aus welchem Grund auch immer sie erfolgt ist), *faktisch* mit einem anderen Partner lebten? Wenn das *vor* der zweiten Verbindung möglich gewesen wäre, hätte man zweifellos an das erinnert, was der hl. Paulus an die Korinther geschrieben hat:

---

1 »Was auch der ursprüngliche Wortlaut gewesen sein mag, das *Logion* Jesu proklamiert die Pflicht zur gleichen und wechselseitigen Treue, die den Eheleuten obliegt; andererseits verurteilt es die Praxis der Entlassung, die im mosaischen Gesetz steht und durch eine Anzahl von Rabbinen der Zeit breit ausgelegt wurde, als Ehebruch. Jesus prangert ohne Umschweife die Herzenshärte an, die zu den selbstgefälligen Vorgehensweisen der Entlassung geführt hat; er erschüttert alle Gepflogenheiten der antiken Gesellschaften, die nachsichtig waren mit den Seitensprüngen der Männer; er ruft in Erinnerung, dass die tiefgründige Wirklichkeit der Ehe, wie sie vom Schöpfer angeordnet war, im Gegenteil eine unbedingte Treue fordert« (C. Munier, La sollicitude pastorale de l'Eglise ancienne en matière de divorce et de remariage, in: Laval Théologique et Philosophique 44 [1988], 20).

2 Die Diskussion unter den Exegeten wird gut dargestellt von C. Marucci, Parole di Gesù sul Divorzio, Brescia 1982, und auch im Artikel: Sermon sur la montagne, in: DBS, Sp. 843–846.

Den Verheirateten gebiete nicht ich, sondern der Herr: Die Frau soll sich vom Mann nicht trennen – wenn sie sich aber trennt, so bleibe sie unverheiratet oder versöhne sich wieder mit dem Mann – und der Mann darf die Frau nicht verstoßen (1 Kor 7,10–11).

Aber war man, vor die »vollendete Tatsache« gestellt, immer gleich unnachgiebig geblieben? Gab es, im Laufe der Jahrhunderte, vielleicht neben oder trotz einer »strengen Überlieferung« eine »flexiblere Praxis«? So gestellt, erstreckt sich die Frage auf eine sehr lange Epoche: von den Anfängen des Christentums bis zum Konzil von Trient.

✳ ✳ ✳

Es ist notwendig, sich auf die Fragen zu beschränken, die sich aus der Auslegung der Klauseln des Matthäus in der frühen Überlieferung ergeben. Diese Perikopen erschienen auch angesehenen Theologen wie Hilarius und Augustinus verwirrend und zweideutig.[3] Und sie waren das noch im 16. Jahrhundert für die großen Kontroverstheologen wie Erasmus,[4] Cajetan,[5] Ambrogio Catarino Politi und Andrea Alciati,[6] wenn sie auch für die Mehrheit klar waren. Pedro de Soto beispielsweise war kategorisch:

> Quod si aliquando aut a quibusdam hoc (= Ausschluss einer neuen Ehe nach der Entlassung) in dubium fuerit versum aut contrarium etiam ut verius habitum, tamen hoc ita certa definitione Ecclesiae firmatum est ut de eo nullo catholico liceat dubitare.[7]

---

3 Hilarius von Poitiers, In Matth. 19, 2; Augustinus, De fide et operibus, 19, 35.

4 Erasmus, Opera omnia, Lyon 1706, VI, S. 692–703. Siehe insbesondere die Zusammenfassung seiner Schwierigkeiten und seiner »interrogationes«, ebd., S. 702–703. Es fällt auf, dass der Großteil der in der Neuzeit vorgebrachten Argumente schon im Kommentar des Erasmus zu 1 Kor 7 zu finden ist.

5 »[…] Intellego igitur ex hac Domini Jesu Christi lege licitum esse christiano dimittere uxorem salva semper Ecclesiae definitione quae hactenus non apparet […]. Profitentur autem ipsimet pontifices (ut patet in capite *quando* De divor. et in capite *licet* de spons. duorum) Romanos Pontifices aliquando in iis judiciis matrimoniorum errasse«: T. de Vio Cajetanus, In quattuor Evangelia, Lyon 1639, S. 86. Auf die Verurteilungen durch die Pariser Theologen antwortete Cajetan: »[…] in com. super Matt cap. 19, dumtaxat disputavi de hac materia et reliqui definiendam ab Ecclesia«: Tract. resp., in: Opuscula omnia, Lyon 1575, III, tract. 15, S. 298.

6 Siehe dazu das ausführliche Dossier in L. Bressan, Il canone tridentino sul divorzio per adulterio e l'interpretazione degli autori, Rom 1973, S. 35–50.

7 Assertio catholicae fidei …, Köln 1555, zitiert bei L. Bressan, a.a.O., S. 50.

Auf dem Konzil von Trient neigte eine Anzahl von Bischöfen (einschließlich des päpstlichen Legaten Kardinal Del Monte) dazu, in den Klauseln des Matthäus eine Erlaubnis zur Wiederverheiratung zu lesen, wobei sie sich auf patristische Texte stützten.[8] Es mangelte nicht an Wortmeldungen, die diese Interpretation bestritten. Wie sollte man beispielsweise nicht an der Authentizität eines Textes des Ambrosius zweifeln, der die neue Heirat erlaubte, während er an anderer Stelle explizit die strikteste Unauflöslichkeit lehrt?[9] Auf dem II. Vatikanischen Konzil gab es mindestens einen Bischof (Elias Zoghby), der diese Debatte wieder aufgriff.[10] Das wurde ihm sofort von Kardinal Journet »vorgeworfen« und dann von Patriarch Maximos IV. missbilligt,[11] was ihn aber nicht hinderte, seine Position beizubehalten![12]

Die Frage wurde 1967 geräuschvoll wieder angestoßen durch ein Buch von Victor Pospishil, das sofort in mehrere Sprachen übersetzt wurde.[13] Man könnte den Inhalt dieses Werks in den folgenden fünf Thesen zusammenfassen, die im Übrigen den grundlegenden Argumenten entsprechen, die seit dem 16. Jahrhundert vorgetragen werden, um zu zeigen, dass es eine für die zweite Ehe getrennter Eheleute eintretende Tradition gibt.

1. Es gibt kein Dokument der frühen Kirche, das im Fall des Ehebruchs der Frau die neue Ehe klar ausschließt. Die strenge *Praxis* der Lateiner datiert erst seit der gregorianischen Reform.

---

8 Zitiert wurden vor allem Ambrosius (heute weiß man, dass der berühmte Text nicht von Ambrosius ist, sondern vom Ambrosiaster), Origenes, Basilius, Hilarius und Laktanz. Der Erzbischof von Granada zählte durcheinander Theodoret, Theophylakt, Tertullian und Chrysostomus auf, denen er die Konzilien von Elvira, Arles und Toledo hinzufügte. Siehe die Zusammenfassung des *sed contra* im Protokoll der Sitzungen vom 30. August 1547: CT VI, 412. Bei der Wiederaufnahme der Diskussionen 1563 griff man auf dieses Dossier zurück: CT IX, 420, 689, 734. Vgl. L. Bressan, a.a.O., S. 79-196.

9 Gratian hatte darauf schon deutlich hingewiesen, vgl. Decretum, II, c. 32, q. 7, c. 18: Friedberg I, 1145.

10 Am 29. September 1965 in der 138. Generalkongregation: La Documentation Catholique 62 (1965), 1901-1904. G. Caprile, Il Concilio Vaticano II, Bd. V, Quarto periodo, 1965, S. 130-131. Die Frage wurde insgesamt gut erforscht von A. Wenger, Vatican II. Chronique de la quatrième session, Paris 1966, S. 200-246.

11 Es könnten Texte zitiert werden, bemerkte er, die im Sinne von Bischof Zoghby interpretiert werden könnten, aber viele andere würden dem widersprechen! Siehe La Documentation Catholique 62 (1965), 1906; Caprile, a.a.O., S. 130, Anm. 8.

12 La Documentation Catholique 62 (1965), 1904-1906.

13 V. Pospishil, Divorce and Remarriage. Towards a New Catholic Teaching, New York 1967.

2. Mann und Frau hatten diesbezüglich in der frühen Kirche nicht die
gleichen Rechte.

3. Es gibt in der Antike keine Gesetzgebung, die die Trennung der Eheleute ohne Möglichkeit der Wiederverheiratung gekannt hätte. Die ge-
trennte Ehefrau hätte sich in einer Situation befunden, die faktisch unmöglich war.

4. Die christlichen Autoren haben ohne Zweifel die Scheidung verurteilt
und die Betroffenen einer strengen Buße unterworfen. Aber das bedeutet nicht, dass die zweite Ehe faktisch für »nichtig« erklärt wurde.

5. Die vor allem um das Wohl der Gläubigen besorgten Väter haben Ausnahmen von der allgemeinen Regel zugelassen.

Das Buch von Pospishil war als allgemein verständliche Darstellung für
ein gebildetes Publikum gedacht.
Pierre Adnès gab dazu die folgende Einschätzung ab:

[...] Lector benevolus qui examinat argumenta auctorum recentiorum,
secundum quos legitimitas novi matrimonii post divortium ab Ecclesia
antiqua admissa fuisset, invaditur sensu quodam desillusionis et frustra-
tionis. Ei enim non afferuntur in genere nisi demonstrationes magna ex
parte deductae ab *argumento silentii* vel ab allusionibus implicitis plus mi-
nusve vagis aut incertis. Exempli gratia, legat quis enormem appendicem
in quo Dnus Pospishil collegit et discutit »maximum numerum textuum
possibilem«, ut ipse ait, ad thesim probandam quae in corpore operis ejus
Divorce and Remarriage exponitur. Sine difficultate videbit quantum in-
tervallum sit inter hanc thesim et rationes historicas quibus ea inniti sup-
ponitur.[14]

In den folgenden Jahren wurde die Debatte auf wissenschaftlicherer
Grundlage vor allem von Joseph Moingt,[15] John Noonan,[16] Charles Munier und besonders von Pierre Nautin wieder aufgenommen und weiter-

---

14 P. Adnès, De vinculo matrimonii apud Patres, in: Vinculum matrimoniale, Rom
   1973, S. 86; siehe auch S. 86, Anm. 37.

15 J. Moingt, Le divorce pour motif d'impudicité, in: RechSR 56 (1968), 337–384. Der
   Autor ist »kategorisch«: »Im 4. und 5. Jahrhundert sprechen von den Vätern, die ausdrücklich den Fall des Ehebruchs behandeln, nur Hieronymus und Augustinus dem
   betrogenen Gatten das Recht ab, sich wiederzuverheiraten. Sie wenden sich offensichtlich gegen die in ihrer jeweiligen Umwelt (Rom und Afrika) geltende Meinung,
   was ihr Zögern erklärt« (ebd. S. 339–340).

16 Hingewiesen sei auf die besonders kraftvolle (in den Schlussfolgerungen jedoch anfechtbare) Behandlung des Themas durch J. Noonan, Novel 22, in: The Bond of Mar-
   riage. An Ecumenical and Interdisciplinary Study, Notre-Dame – London 1968,
   S. 41–96. Bemerkenswert ist, dass die Argumentation sich im Wesentlichen schon

geführt. Henri Crouzel hat in zahlreichen Veröffentlichungen das Anliegen verfolgt, den anfechtbaren oder zumindest oft oberflächlichen
Charakter dieser Untersuchungen aufzuzeigen.[17] Als er seinerseits auf
verschiedene Weise angegriffen wurde, hat er später mit einer gewissen
Bitterkeit geschrieben:

> Wenn (der Historiker) sich entscheidet, Richtigstellungen zu formulieren,
> kann er kaum hoffen, dass sie dieser Leserschaft zur Kenntnis gelangen,
> zunächst weil seine Erläuterungen kaum Gefallen finden werden, vor al-
> lem aber, weil sie nicht gelesen werden, da sie vom durchschnittlichen Le-
> ser und sogar von den fraglichen Autoren zu viel Anstrengung fordern,
> die sie kaum aufbringen [...]. Bestärkt von den modernen Philosophen
> »des Verdachts«, sehen sie in ihm nur einen Apologeten [...]. Für »objek-
> tive« Historiker werden demnach nur die gehalten, deren Schlussfolge-
> rungen der Rechtgläubigkeit widersprechen [...].[18]

Tatsächlich wurde die Kontroverse über 15 Jahre lang in vielen Spezial-
zeitschriften fortgesetzt: *Periodica de re canonica, Gregorianum, Bulle-
tin de Littérature Ecclésiastique, Nouvelle Revue Théologique, Science et
Esprit, Recherches de Science Religieuse, Revue des Sciences Religieuses,*
usw.
Nach der Ausbreitung so vieler Bildungsschätze konnte man (übrigens
mit Recht!) den Eindruck gewinnen, dass von beiden Seiten wirklich alles gesagt war und dass es folglich unvermeidlich war, dass man sich wie-
derholte.
Trotz allem wurde die Frage immer wieder aufgegriffen, manchmal, ja
oft, man muss es so sagen, als wäre sie nie untersucht worden und als ob
es notwendig wäre, immer wieder bei null anzufangen. Es war also ein
Dialog unter Stummen oder, einfacher gesagt, vergebliche Mühe. Es lohnt
sich an dieser Stelle, nochmals folgenden Aufsatz von H. Crouzel zu lesen: Divorce et remariage dans l'Eglise primitive. Quelques réflexions
de méthodologie historique.[19]

Warum will man mit allen möglichen krummen und wenig brauchbaren
Verfahren zeigen, dass die einzig vom Ambrosiaster empfohlene Praxis

---

bei Erasmus findet. Vgl. G. Pelland, Le dossier patristique relatif au divorce, in: Science et Esprit 25 (1973), 99–119.

17 Siehe insbesondere: L'Eglise primitive face au divorce, Paris 1971, das diesbezüglich
    eine wahre »Summe« darstellt.

18 H. Crouzel, Divorce et remariage dans l'Eglise primitive. Quelques réflexions de mé-
    thodologie historique, in: NRT 98 (1976), 891.

19 In: NRT 98 (1976), 891–917.

hinsichtlich der Heirat von Geschiedenen der Praxis der frühen Kirche entspricht, während alle anderen Zeugnisse, wenn man sie ohne diese »Hermeneutik« versteht, dem entgegenstehen? Die Antwort lässt sich nicht verschweigen: Man will, dass die gegenwärtige Kirche ihre Haltung hinsichtlich der Geschiedenen, die wieder heiraten, liberalisiert, und manche glauben, das sei nicht zu erreichen, wenn nicht gezeigt worden ist, dass die frühe Kirche so verfahren ist.[20]

I. Die neue Ehe, die die Klauseln des Matthäus erlauben würden

Ich möchte nicht dieses ganze Dossier wieder vorlegen. Ich werde nur einige typische Fälle *als Beispiel* in Erinnerung bringen.

1. Der *Pastor Hermae* wurde in der ersten Hälfte des 2. Jahrhunderts abgefasst. Er ist in Bezug auf diese Frage das früheste Zeugnis. Der Mann, heißt es dort, dessen Frau in ehelicher Untreue verharrt, hat die Pflicht, sie zu entlassen, aber »er muss allein bleiben (ἐφ' ἑαυτῷ μενέτω)«. Wenn er eine andere heiratet, dann begeht er selbst Ehebruch. Dazu wird eine strenge Vorschrift hinzugefügt: Wenn die Schuldige bereut und in das Haus zurückkehren will, muss der Mann sie aufnehmen, denn

man muss den Sünder aufnehmen, der Buße tut; allerdings nicht mehrmals (μὴ ἐπὶ πολὺ δὲ), denn für die Diener Gottes gibt es (nur) eine einzige Buße (μετάνοια ἐστιν μία).[21] Wegen der Möglichkeit der Buße (διὰ

---

20 Ebd., S. 916. »Selbst nach den Artikeln wichtiger Zeitschriften der katholischen Presse war die Haltung der frühen Kirche hinsichtlich der zweiten Heirat nach einer Scheidung nicht so klar, wie man gerne sagt [...]. Der Zweck war klar: Damit die Kirche von heute einwilligt, in diesem Punkt eine viel kulantere Haltung zu akzeptieren, muss man ihr beweisen, dass ihre Strenge nicht übereinstimmt mit der Haltung, die die Haltung am Beginn des Christentums war. Lassen wir die Auffassung beiseite, die diese Arbeiten unterstellen, dass die Tradition jede Entwicklung ausschließt. Viel schwerer wiegt die willkürliche Art, mit der die Geschichte behandelt wird, was häufig vorkommt, wenn man sich auf sie beruft, um eine These zu stützen« (H. Crouzel, Le remariage après divorce selon les Pères de l'Eglise, in: Anthropotès. Pontificio Istituto Giovanni Paolo II per studi su matrimonio e famiglia, 11 [1995]). Zum Ambrosiaster siehe insbesondere H. Crouzel, L'Eglise primitive face au divorce, S. 267-274.

21 »Eine einzige« Buße. Der Ausdruck kann materiell, numerisch verstanden werden. Man hätte dann ein erstes Zeugnis der Regel der Nichtwiederholbarkeit der (kanonischen) Buße in der antiken Kirchenordnung. Aber der Ausdruck kann auch formell, moralisch verstanden werden: Die wahre Buße schließt eine wirksame Umkehr des Lebens ein und damit eine wirkliche Kontinuität, die die »dipsychia« des Menschen ausschließt, von der man nicht zu sagen wüsste, ob sie der Sünde zur Verfü-

τὴν μετάνοιαν) kann der Mann also nicht (wieder) heiraten. Dieses Verfahren gilt für die Frau wie den Mann.[22]

Viele Autoren haben vor allem dem letzten Satz Bedeutung beigemessen: Wenn die zweite Ehe wegen der Buße verboten werden muss, gilt das Verbot auch dann, wenn es keine Hoffnung mehr auf Bekehrung gibt? Das reicht aus, um in Betracht zu ziehen, dass der Hirte des Hermas eine Ausnahme vom Prinzip der Unauflöslichkeit zulässt. Aber ist das eine akzeptable Schlussfolgerung? Der Text ist offensichtlich eine Art Paraphrase von 1 Kor 7,10–11. Es scheint sehr gewagt zu unterstellen, dass der Autor auf eine zweitrangige Frage, die sich auf den verstockten Sünder bezieht – eine Frage, von der er nicht spricht –, in einem Sinn geantwortet hätte, der dem Text des hl. Paulus, der ihm als Ausgangspunkt dient, widerspricht. Wir haben hier einen typischen Fall des Arguments »ex silentio«.

2. Es wird oft eine Stelle aus *Adversus Marcionem* von Tertullian zitiert:

> Manente matrimonio nubere adulterium est. Ita si conditionaliter prohibuit dimittere uxorem, non in totum prohibuit, et quod non prohibuit in totum permisit alias ubi causa cessat ob quam prohibuit [...]. Habet itaque et Christum assertorem justitia divortii [...].[23]

Für die detaillierte Erklärung dieses Textes, dem von anderen Stellen im selben Werk widersprochen wird, kann hier auf Henri Crouzel verwiesen werden.[24] Man muss sich nämlich fragen, ob es möglich ist, dass Tertullian im Buch IV die zweite Ehe nach der Scheidung zulässt, wenn er sie in Buch I absolut zurückweist – und ebenso durchgehend im Folgenden. Insbesondere: Wäre eine ähnliche Interpretation vereinbar mit der Entwicklung des Autors, der mit dem Übertritt zum Montanismus einen immer rigoroseren Standpunkt vertreten hat? Nun ist aber schon Buch I montanistisch. Soll man also glauben, dass er, in seinem Rigorismus fortschreitend, zu einer »liberaleren« Position gekommen ist? Man muss auch in Betracht ziehen, welche Absurdität man ihm in diesem Fall zutrauen würde: Eine unschuldige Frau, die von einem schuldigen Gatten verjagt wird, könnte sich nicht wieder verheiraten, während eine schuldige Frau frei wäre, das zu tun! ...

---

gung steht oder ob es die Sünde ist, die ihr zur Verfügung steht. Vgl. den Art. Hermas, in: DSpir. VII, cc. 330–331; S. Giet, Hermas et les Pasteurs, Paris 1962, S. 191 und 214.

22 Pastor Hermae, Mand. IV, 1, 4–8.

23 Tertullian, Adv. Marcionem IV, 34.

24 H. Crouzel, L'Eglise primitive face au divorce, S. 98 ff.

3. Im Matthäus-Kommentar des Origenes findet sich folgende Stelle:

> Schon aber haben über das, was geschrieben steht, hinaus einige von den Kirchenführern manches gestattet, z. B. dass eine Frau ›noch zu Lebzeiten ihres Mannes‹ wieder heiratet; damit haben sie zwar gegen das Schriftwort gehandelt (in welchem es heißt: ›Die Frau ist gebunden, solange ihr Mann lebt‹ [1 Kor 7,39], und: ›Deshalb wird eine Frau also Ehebrecherin genannt, wenn sie zu Lebzeiten ihres Mannes einem anderen Mann angehört‹ [Röm 7,3], aber doch nicht ganz zu Unrecht (οὐ μὴν πάντῃ ἀλόγως); denn wahrscheinlich ist auch gegen das von Anfang an gesetzlich Festgelegte und Geschriebene diese Anpassung[25] mit Rücksicht auf noch Schlimmeres gestattet.[26]

Diese Kirchenführer hatten sich nämlich nicht darauf beschränkt verständnisvoll zu sein oder die Augen zu verschließen: Sie haben eine neue Ehe gestattet. Auch wenn diese Nachsicht nicht »ganz zu Unrecht« geübt wurde, weil sie größere Übel vermeiden wollten, unterstreicht Origenes dreimal, dass sie gegen die Schrift war, und er fügt kurz danach hinzu:

> Wie aber eine Frau Ehebrecherin ist, obwohl sie einen Mann zu heiraten scheint (κἂν δοκῇ γαμεῖσθαι), nämlich dann, wenn ihr erster Mann noch lebt, so heiratet auch ein Mann, der eine Entlassene zu heiraten scheint (γαμεῖν δοκῶν), in Wirklichkeit nicht (wie unser Heiland gesagt hat), sondern begeht Ehebruch (οὐ γαμεῖ […] ὅσον μοιχεύει).[27]

Das legt in keiner Weise nahe zu glauben, dass er die Sichtweise der Kirchenführer teilt, von denen die Rede war.

Man hat beobachtet, dass Origenes im recht minutiösen Kommentar, den er von der matthäischen Perikope macht, nichts über den unschuldigen Gatten sagt. Moingt zufolge zeigt dieses Schweigen an, dass er in diesem Fall sich nicht einer zweiten Ehe entgegenstellen würde. Crouzel meint im Gegenteil, wenn das kein Problem ist, bedeutet das, dass die Sache ausgeschlossen ist, besonders aufgrund dessen, was der hl. Paulus formell lehrt.[28] Es fällt schwer, hier Moingt Recht zu geben![29]

---

25 Man kann συμπεριφορά auch mit *Nachsicht* übersetzen, oder auch, so Crouzel, mit *Bindung*.

26 Origenes, Co. in Mt., XIV, 23: GCS 10, 340.

27 Origenes, Co. in Mt., XIV, 24: GCS 10, 345.

28 Vgl. 1 Kor 7,10–11. Siehe in diesem Sinn Origenes, Fragm. XXXV (in 1 Cor 7): ed. Jenkins, JTS 9 (1908), 505.

29 Vgl. zur Frage insgesamt die Arbeiten von H. Crouzel und außerdem C. Munier, Le témoignage d'Origène en matière de remariage après séparation, in: Revue de Droit Canonique 28 (1978), 16–29.

4. Es fehlt nicht an antiken Texten, die, auf den ersten Blick, die Lösung des Ehebandes zuzulassen scheinen. Moingt zitiert einige davon:

> Johannes Chrysostomus behauptet ebenfalls, dass der Scheidebrief nicht das Eheband zerstört, fügt aber hinzu, dass »die Ehebrecherin die Frau von niemandem ist« [...]. Er vergleicht auch den Fall des götzendienerischen Gatten, den seine christliche Frau behalten soll (1 Kor 7,13), mit dem der Ehebrecherin, die verstoßen werden soll. Warum dieser Unterschied in der Behandlung? Weil im zweiten Fall die Ehe schon gelöst ist [...]. »Nach dem Ehebruch ist der Gatte nicht mehr Gatte.« Die Mehrzahl der Kirchenväter vertritt wie Johannes Chrysostomus die Auffassung, dass »der Ehebruch der Frau das eheliche Band zerreißt« (Lactantius), »der Ehe ein Ende setzt« (Hilarius), usw. [...].[30]

Wenn diese Autoren erwägen, dass das Band zerrissen ist, muss man dann nicht glauben, dass sie eine zweite Ehe für legitim gehalten haben? Dieses Argument hat schon einige Bischöfe auf dem Konzil von Trient beeindruckt. Aber muss man die Texte wirklich so lesen? Um sich wieder auf ein Beispiel zu beschränken:[31] Tertullian hält fest, dass die Verstoßung »die Ehe annulliert wie der Tod«, aber in einem Text aus seiner *montanistischen* Zeit, der die neue Eheschließung in jedem Fall ausschließt.[32] Asterius sagt, dass die Ehe durch den Tod und durch den Ehebruch aufgelöst wird, aber in einer Homilie, in der er auch die neue Eheschließung von Witwen ausschließt.[33]
Chrysostomus urteilt: »Die Ehebrecherin ist die Gattin von niemandem mehr«,[34] aber er wiederholt im selben Text mehrmals, dass die Frau, was immer sie macht, während ihrer ganzen Lebenszeit an ihren Gatten gebunden bleibt. An anderer Stelle sagt er auch, dass das Los der ehebrecherischen Frau weniger beneidenswert ist als das der Sklavin, weil die Sklavin den Herrn wechseln kann, während die Frau für die ganze Zeit, in der er am Leben ist, an ihren Gatten gebunden bleibt. In Wirklichkeit haben solche Formulierungen im christlichen Altertum nicht von sich aus die »rechtliche« Bedeutung, die sie heute für die Kanonisten haben. Sie müssen immer in ihrem engeren oder weiteren Kontext beurteilt werden.
5. Der *Kanon 10 des Konzils von Arles* (314) gibt mehrere Probleme auf:

---

30 J. Moingt, Le divorce pour motif d'impudicité, in: RechSR 56 (1968), 341–342.
31 Siehe zum Folgenden H. Crouzel, L'Eglise primitive face au divorce, S. 364–366.
32 Tertullian, De Monogamia, 9, 1–8.
33 Asterius, Hom. 5 in Mt 19: PG 40, 228.
34 Chrysostomus, De libello repudii, 3: PG 51, 221.

De his qui conjuges suas in adulterio depraehendunt, et idem sunt adulescentes fideles et prohibentur nubere, placuit ut, quantum possit, consilium eis detur ne alias uxores viventibus uxoribus suis, licet adulteris, accipiant.

Halten wir zunächst fest, dass es sich nicht um einen Text handelt, der aus irgendeiner beliebigen Provinzsynode hervorgeht. Das Konzil von Arles vereint Bischöfe aus Italien, Gallien, Großbritannien, Spanien und Afrika. Der Papst schickt Legaten dorthin, wie einige Jahre danach nach Nizäa. Die Entscheidungen des Konzils geben folglich das maßgebliche Denken in der Kirche des Westens zu dieser Zeit wieder.

Andererseits ist die Formulierung unseres Textes »überraschend«. Das Konzil beschränkt sich darauf, von der neuen Ehe »abzuraten«. Darin liegt, bemerkt Pierre Nautin,[35] eine recht eigenartige Mäßigung, weil das Verbot zunächst besonders die *jungen* Eheleute trifft! Schon Petau hielt es aus diesem Grund für nötig, ein Nein in die Einschaltung einzufügen: »et idem sunt adolescentes fideles et NON prohibentur nubere [...].«[36] Aber auch mit dieser Korrektur bleibt der Kanon seltsam! Nautin hat andere Korrekturen vorgeschlagen, um ihn besser »verständlich« zu machen. Man kann annehmen, erklärt er, dass es einen zwingenden Grund gegeben hat, der dem Konzil diese »außergewöhnliche Zurückhaltung« auferlegt hat! Was nicht heißt, dass die Bischöfe, in der Voraussicht, dass man nicht auf sie hören würde, darauf Rücksicht genommen hätten. Wann hat es das gegeben, dass ein Konzil eine Vorschrift in einen Rat umgewandelt hätte, unter dem Vorwand, dass es Widerständen begegnet wäre? Dieser gewichtige Grund, fährt Nautin fort, kann nur das Logion Matthäus 19,9 sein, in dem Christus eine Ausnahme von der allgemeinen Regel vorsieht, in dem Fall, dass die Frau Ehebruch begangen hat. Das Konzil spielt in zweifacher Weise auf dieses Logion an. Wie im Text des Matthäus kann nur der Mann diesen Freibrief wahrnehmen; andererseits verweist die konzessive Formel »licet adulteris« natürlich auf den möglichen Einwand, den die Hauptaussage aufwerfen könnte: Die Bischöfe »raten« den Eheleuten, nicht wie-

---

35 P. Nautin, Le canon du Concile d'Arles de 314 sur le remariage après divorce, in: RechSR 61 (1973), 353–362; Divorce et remariage dans la tradition de l'Eglise latine, in: RechSR 62 (1974), 7–54.

36 »Ubi negationem deesse, legendumque *et non prohibentur nubere*, contextus ipse orationis indicat. Nam si prohibentur nubere, non consilium ad illos coercendos sed praecepti necessitas adhibenda fuerat« (Petau, Anm. 13 zu Adv. Haer., haer. 59: PG 41, 1024). Petau sah hier eines der Zeugnisse, die die Wiederheirat in der Alten Kirche erlaubt hätten: »Porro *inter veterum testimonia quibus post legitimum illud divortium permissa innocentibus conjugibus videntur*, referri potest Arelatense primum Concilium can. 10 [...]« (ebd.).

der zu heiraten: Wie könnten sie denn auch über einen »Rat«
hinausgehen, wenn das Evangelium in diesem Fall die neue Heirat erlaubt?
Nachdem Nautin die Hauptaussage des Kanons so erklärt hat, sucht er
die »Rätsel« der Einschaltung zu lösen. Die stilistische Analyse legt nahe,
dass der Text auf ungeschickte Weise überarbeitet wurde. Es wäre viel
natürlicher gewesen zu schreiben:

> de adulescentibus fidelibus qui conjuges suas in adulterio depraehendunt

als den Satzfluss zu unterbrechen. Ist es darüber hinaus nicht recht seltsam, besonders den »Jungen« zu raten, sich nicht wieder zu verheiraten?
Diese Unstimmigkeiten würden vermieden, wenn man zwischen ET
und IDEM ein SI setzt:

> de his qui conjuges suas in adulterio depraehendunt, *etsi* idem sunt adu-
> lescentes fideles …

Bezüglich der Formulierung »prohibentur nubere« ist nicht einsichtig,
warum der Kanon damit beginnt, ein Verbot in Erinnerung zu rufen,
und mit einem Rat schließt. Soll diese »Unstimmigkeit« vermieden werden, ist es absolut notwendig, ein NON hinzuzufügen, wie Petau vor-
schlägt. Auf diese Weise bekäme man einen vollständigen und verständ-
lichen Text:

> De his qui conjuges suas in adulterio depraehendunt
> et *[si]* idem sunt adulescentes fideles
> et *[non]* prohibentur nubere,
> placuit ut, quantum possit, consilium eis detur ne alias uxores,
> viventibus uxoribus suis, licet adulteris, accipiant.

Sich damit abzufinden, dass ein Text ohne die Möglichkeit, sich auf
die handschriftliche Überlieferung berufen zu können, korrigiert werden muss, wie Nautin das macht, ist immer nur ein letzter Schritt.[37]
Andererseits unterstellt seine Rekonstruktion, dass man damals in
Matthäus 19,9 die Erlaubnis einer zweiten Ehe für den Gatten der
ehebrecherischen Frau gelesen habe. Das versteht sich nicht von selbst.
Es ist überraschend, worauf Crouzel hingewiesen hat,[38] dass die Text-
gestalt von Matthäus 19, die wir heute kennen, von keinem Autor aus

---

37 Zur Diskussion der handschriftlichen Überlieferung vgl. besonders H. Crouzel, A
   propos du Concile d'Arles, in: BLE 75 (1974), 26–28.
38 H. Crouzel, Le texte patristique de Matthieu V.32 et XIX.9, in: NTS 19 (1972), 98–119.

vor-nizänischer Zeit bezeugt wird. Damals las man Matthäus 19 als eine Wiederholung von Matthäus 5,32a – und also ohne die Erwähnung der zweiten Ehe. Origenes, der viel gereist ist und Fachleute konsultiert hat, ist ein besonders wichtiger Zeuge dieser Lesart. Er war nämlich ein »Experte« in dem, was wir heute »Textkritik« nennen. Alle griechischen Väter bis zum Beginn des 5. Jahrhunderts zitieren den Text wie er. Die uns vertraute Lesart erscheint im Westen zum ersten Mal gegen Mitte des 4. Jahrhunderts.

Man kann also annehmen, dass der ursprüngliche Text von Matthäus 19,9 Matthäus 5,32a wiedergegeben hat und dass die Erwähnung der zweiten Ehe sich aus einer zufälligen Kontamination mit Mk 10,11 ergeben hat. Es ist also nicht bewiesen, dass die Väter von Arles Mt 19,9 in seiner heutigen Form gelesen haben, die allein sie hätte glauben machen können, dass das Evangelium einem von seiner ehebrecherischen Frau getrennten Gatten die zweite Ehe erlaubt habe.[39]

Crouzel fügt hinzu:

Noch weniger ist bewiesen, dass die Väter, wenn sie diesen Text in der heutigen Form gelesen haben, daraus diese Schlussfolgerung gezogen hätten.

Wie ist also der Kanon des Konzils zu verstehen, wenn man die handschriftliche Überlieferung nicht korrigieren will?

Zuerst ist zu bemerken, dass das Konzil in diesem Kanon kein Gesetz über die Ehe erlassen will. Das Verbot, sich wieder zu verheiraten, selbst im Fall des Ehebruchs der Frau, wird als Norm gesehen, die sich aufdrängt, so wie es kurz, aber sehr klar der zweite Teil des eingeschobenen Satzes in Erinnerung ruft: *et prohibentur nubere.*
Der Kanon wurde erlassen, um eine pastorale Verhaltensregel festzusetzen mit Bezug auf eine Kategorie von Gläubigen, die in Gefahr standen, sich in eine irreguläre Situation zu begeben. Es handelt sich um junge Männer (*adulescentes*), die ihre Frau beim Ehebruch ertappen und die, nachdem sie sie entlassen haben, es riskieren, eine andere Frau zu nehmen, obwohl ihnen die Wiederheirat verboten ist.
Das Konzil hat nicht die Sanktionen im Auge, die sich diese Delinquenten zuziehen könnten. Was die Bischöfe hier beschäftigt, ist die Gefahr, in der die jungen Männer, von denen gesprochen wird, sich befinden. Es muss alles getan werden, um zu vermeiden, dass sie der Versuchung unter-

---

39 H. Crouzel, A propos du Concile d'Arles, in: BLE 75 (1974), 29.

liegen, die sie bedroht: Durch entsprechende Ratschläge muss so weit wie möglich darauf beharrt werden, dass sie sich richtig verhalten, und zwar so lange, wie ihre Frau am Leben ist, selbst wenn sie eine Ehebrecherin ist. Zu beachten ist der pastorale Charakter dieser Anordnung, denn es handelt sich um eine Anordnung (*placuit*).

... Lieber wäre einem eine sorgfältigere und deutlichere Formulierung statt des ein wenig elliptischen Sprechstils ... Aber man braucht auch nicht über Gebühr über den Stil erstaunt zu sein: Man begegnet ihm in mehreren anderen Kanones dieses Konzils ... Ich schlage vor, den Kanon, wie die Manuskripte ihn wiedergeben, so zu verstehen: *Was die betrifft, die ihre Frau beim Ehebruch ertappen – wir haben den Fall von noch jungen Männern im Blick, und es ist klar, dass ihnen verboten ist, wieder zu heiraten –, wurde entschieden, dass sie durch möglichst dringenden Rat ermutigt werden sollen, keine andere Frau zu nehmen, solange ihre Frau lebt, auch wenn sie eine Ehebrecherin ist.*[40]

6. Der hl. Basilius soll ebenfalls zu den antiken Autoren gehören, die die Akzeptanz einer zweiten Ehe nach der Scheidung bezeugen würden. Man bezieht sich auf eine Stelle des Briefs 188 an den Bischof Amphilochius von Ikonium (die Stelle ist in der späteren Kodifikation zum Kanon 9 geworden):

Das Wort des Herrn gilt, wenn man die gedankliche Logik ansieht, gleichermaßen für Männer und Frauen: dass es nicht erlaubt sei, die Ehe aufzuheben, »ausgenommen den Fall von Unzucht« [Mt 5,32]. Doch die übliche Praxis verhält sich nicht so. Wir finden vielmehr für die Frauen zahlreiche genaue Anordnungen ... Dagegen schreibt die übliche Praxis vor, dass Männer, die ehebrecherisch in Unzucht leben, von den Frauen behalten werden sollen. *Daher weiß ich nicht, ob eine mit einem geschiedenen Mann zusammenlebende Frau als Ehebrecherin bezeichnet werden kann.* Denn der Vorwurf bezieht sich in diesem Fall auf jene Frau, die sich von dem Mann geschieden hat, aus welchem Grund auch immer sie von der Ehe Abstand nahm. ... *[die Frau], welche ihren Mann verlässt, [ist] eine Ehebrecherin, wenn sie zu einem anderen Mann gegangen ist. Der Verlassene aber verdient Nachsicht, und die mit einem solchen Zusammenlebende wird nicht verurteilt.*[41]

---

40 E. Griffe, zitiert bei Crouzel, A propos du Concile d'Arles, in: BLE 75 (1974), 31–32. Vgl. auch R. Le Picard, La signification du verbe »prohiberi« dans le canon X du premier concile d'Arles, in: RechSR 22 (1932), 469–477.

41 Basilius von Caesarea, Brief 188: Briefe I, eingel., übers. und erl. von W.-D. Hauschild (Bibliothek der griechischen Literatur, Bd. 32), Stuttgart 1990, S. 105–106.

Was ist der Kontext? Der Bischof von Ikonium hat Basilius gefragt, wie in einer bestimmten Zahl von schwierigen Situationen angemessen zu handeln sei. In der Antwort entfaltet Basilius die in der Kirche von Kappadokien geltenden Bußregeln. Es handelt sich weniger um minutiös redigierte juristische Texte, sondern um Briefe, in denen besondere Fälle erörtert werden. Henri Crouzel schreibt dazu:

> Basilius zieht den individuellen Aspekt in Erwägung, der ihm vorgelegt worden ist. Das erklärt manche zumindest scheinbare Widersprüche und auch die geäußerte Nachsicht hinsichtlich eines solchen Verstoßes, ohne dass dieser aufhört ein Verstoß zu sein: Was nicht sanktioniert zu werden scheint ist nicht notwendigerweise erlaubt.[42]

Hinzuzufügen ist – mit Fulbert Cayré –, dass das eigentliche Thema dieser Dokumente die Festlegung der entsprechenden Strafen für bestimmte Vergehen ist, wie Basilius im Brief 217 anmerkt.
Eines fällt auf den ersten Blick auf: Die Frau wird nicht auf die gleiche Weise wie der Mann behandelt. Die Vergünstigung der Klauseln gilt nur für den Mann; die Frau muss alles ertragen, ohne wie er ihre Freiheit wiedergewinnen zu können. Basilius hebt hervor, dass das gegen die Logik des Wortes Christi ist: »Die Begründung dafür ist nicht leicht, die herrschende Sitte ist nun einmal so.«
Es ist zweckdienlich, den Rest des Briefes 188 zur Kenntnis zu nehmen, bevor die Tragweite des hier interessierenden Abschnitts genauer erörtert wird. Kanon 48 verbietet der von ihrem Mann verlassenen Frau klar, sich wieder zu verheiraten. Die Formulierung des Kanons 35 ist bezüglich des von der Frau verlassenen Mannes weniger klar. Wenn diese ohne Grund von ihm gegangen ist, ist der Mann dafür nicht verantwortlich; er wird zur Kommunion zugelassen werden können. Bedeutet das, dass der Mann, weil er für die Lebensführung seiner Frau nicht verantwortlich ist, inzwischen eine andere Frau hat nehmen können? Der Text sagt das nicht. Kanon 46 behandelt den Fall einer Frau, die, ohne es zu wissen, einen Mann geheiratet hat, der von seiner Frau verlassen wurde. Wenn diese zurückkommt, wird die zweite »Frau« entlassen. Sie kannte die Situation ihres »Mannes« nicht; subjektiv ist sie also nicht der Unzucht schuldig. Weil es aber, andererseits, keine Ehe war, hindert sie jetzt nichts, einen anderen Mann zu heiraten.
Kehren wir zum Kanon 9 zurück. Die Stellen, die hier besonders interessieren, erscheinen eher als Konsequenzen, die Basilius glaubt ziehen zu müssen. Sie machen ihm andererseits Schwierigkeiten: »*Daher weiß ich nicht, ob [...].*« Welches sind diese Konsequenzen? Der verlassene

---

42 H. Crouzel, L'Eglise primitive face au divorce, S. 138.

Mann ist entschuldbar: »die, die mit ihm lebt«, wird nicht verurteilt. Der Mann ist entschuldbar in welcher Sache? Sich von seiner Frau getrennt zu haben? Das bedeutet, dass er nicht für die schuldhafte Lebensführung seiner Frau verantwortlich gemacht wird. Diese Interpretation stimmt zusammen mit dem, was wir oben zum Kanon 35 gesagt haben. Man kann es auch so verstehen, dass er entschuldigt wird, *sich wieder verheiratet zu haben*, wie auch die Frau, »die mit ihm lebt«, *nicht verurteilt ist*. In diesem Fall wäre festzuhalten, dass diese Frau nicht als Gattin eingeschätzt wird: »Sie lebt mit ihm«. Man würde von einer Konkubine nicht anders sprechen! Andererseits kehrt derselbe Ausdruck sofort danach wieder, um eine schuldige Frau zu bezeichnen. Es ist auch nicht gesagt, dass sie *ohne Schuld* ist. Basilius lässt auch das Gegenteil verstehen: »Sie ist nicht verurteilt«, anders gesagt, in ihrem Fall muss Nachsicht geübt werden.

Um zu einer Klärung dieser Texte zu kommen, beharrt Henri Crouzel wie Fulbert Cayré auf dem Parallelismus von Kanon 9 und Kanon 46. *Objektiv* hat die Frau des Kanons 46 Unzucht begangen, indem sie sich mit einem schon verheirateten Mann verbunden hat, aber *subjektiv* können wir ihr keine Vorwürfe machen, weil sie das nicht wusste. Die Frau des Kanons 9 hat das nicht nicht gewusst: Also wird man *a fortiori* von einer *objektiven* Schuld sprechen. Gleicherweise wird die Frau des Kanons 46, nachdem sie »entlassen worden ist«, einen anderen Mann heiraten können, weil ihre erste Verbindung keine Ehe war. Das gilt auch für die Frau des Kanon 9, die auch mit einem verlassenen Mann verbunden ist. Warum annehmen, dass in dem einen Fall (Kanon 9) eine Ehe besteht und im anderen Fall (Kanon 46) nicht?

Kurz gesagt: Es ist nicht klar, dass Kanon 9 die zweite Ehe eines von seiner Frau verlassenen Mannes erlaubt. Eine aufmerksame Lektüre der Texte legt nur nahe, dass im Blick auf ihn eine gewisse Nachsicht bezeugt wird: *Man wird ihn nicht der Buße unterziehen, als gäbe es keine Entschuldigungsgründe*. Diese Interpretation hat jedenfalls den großen Vorteil, Basilius nicht in Widerspruch zu dem zu setzen, was er in den Moralia lehrt:

Weder ist es dem, der seine Frau entlassen hat, erlaubt, eine andere zu heiraten, noch der, die von ihrem Mann entlassen worden ist, sich mit einem anderen zu verheiraten.[43]

Es folgt der Text Matthäus 19,9. Jede zweite Heirat wird so abgelehnt. Fügen wir hinzu, dass seine Strenge hinsichtlich der zweiten Heirat *nach Witwenschaft* (Kanon 4, 24, 41, 50, 53, 80) dafür eine Bestätigung ist.

---

43 Basilius, Moralia, Reg. 73, 2: PG 31, 850–851.

II. Die Absolution der »wiederverheirateten Geschiedenen«

Es ist angebracht, gesondert auf das Werk von Giovanni Cerete[44] hinzuweisen, der die Debatte neu angestoßen hat und sie deutlich von der ausschließlichen Interpretation der Klauseln des Matthäus abgekoppelt hat. Seine Arbeit kann in drei Hauptpunkten zusammengefasst werden:

1. Die Alte Kirche hat eine zweite Heirat nach der illegitimen Entlassung für eine schwere Sünde gehalten; das bedeutet nicht, dass sie diese Ehe für »ungültig« gehalten hat. Sie kannte nämlich keinen *ordo canonicus*: »Die Bußdisziplin ist die einzige kirchliche Disziplin bezüglich der Ehe, die sich im Lauf dieser Jahrhunderte findet.«[45] Die Christen unterwarfen sich für die Eheschließung einfach den üblichen Konditionen des bürgerlichen Rechts. »In diesen Jahrhunderten war die Ehe praktisch von der Sitte und vom bürgerlichen Recht geregelt; die Kirche anerkannte voll die Zuständigkeit der zivilen Gesellschaft für diesen Bereich«.[46] Instanzen einer eigenen Rechtsprechung hat die Kirche erst gegen Ende des 1. Jahrtausends aus Gründen soziologischer und historischer (und nicht theologischer) Art eingerichtet.

2. Die rechtliche Situation der Trennung der Eheleute, die die zweite Ehe ausschloss, war im antiken Recht nicht bekannt. Die Entlassung implizierte von sich aus die Freiheit einen anderen Gatten zu nehmen. Deshalb wurden die geschiedenen Eheleute als *Ehebrecher* (»[...] der Übergang zu einer neuen Verbindung wurde für selbstverständlich gehalten«), das heißt als Sünder behandelt. Aber diese Sünde galt nicht als unvergebbar, und es war nicht die Trennung vor Erteilung der Absolution gefordert: »Eine solche Forderung wäre nicht nur in nahezu allen Fällen praktisch unerfüllbar, sondern geradezu undenkbar erschienen und bei der gegebenen Mentalität der Zeit geradezu gegen das Gesetz gewesen.«[47]

3. Doch der Mann, der seine schuldige Frau »entließ«, fiel nicht unter diese Kategorie. Man war der Meinung, dass die Klauseln des Matthäus ihm das erlaubten. Kein Konzil, kein antiker Autor zeigen Sanktionen gegen ihn an. Kanon 10 des Konzils von Arles spricht höchstens von einem »Rat, der ihm zu geben ist«.

---

44 G. Cereti, Divorzio, nuove nozze e penitenza nella Chiesa primitiva, Bologna 1977; 2., erw. Aufl. 1998; 3. Aufl. 2013. Verwiesen sei auf die »begeisterte« Präsentation dieses Buches durch C. Munier, Divorce, remariage et pénitence dans l'Eglise primitive, in: RevSR 52 (1978), 97–117.
45 Ebd., S. 158.
46 Ebd., S. 346–347.
47 Ebd., S. 346.

Die ruhige Gewissheit von Cereti, gegründet auf einem reichen wissenschaftlichen Apparat, könnte täuschen. Man muss die Dinge aus der Nähe ansehen. Wer angesichts der ständig wieder aufgegriffenen Texte in dieser Diskussion – wie die, die wir oben angeführt haben (Hirte des Hermas, Origenes, Basilius, Konzil von Arles usw.), perplex zurückblieb, wird auch, nachdem er dieses Buch gelesen hat, perplex zurückbleiben. Haken wir nur bei einigen Punkten nach, die wir bis jetzt nicht betrachtet haben.

In der Alten Kirche einen *ordo canonicus* in der modernen Bedeutung des Begriffs zu suchen, wäre anachronistisch, wie Giovanni Cereti zu Recht feststellt. Dem stimmen alle zu. Aber muss man deshalb glauben, dass die Kirche allein aufgrund des Mechanismus *der vollendeten Tatsache* die für *verheiratet* gehalten hat, die durch eine Verbindung verbunden waren, die sie für *unerlaubt* hielt? Das Mindeste, was man dazu sagen kann, ist, dass die Beweisführung nicht überzeugend ist. Sie bleibt insbesondere »sehr mäßig« im Gebrauch eines der klassischen Texte des Origenes, den wir oben zitiert haben:

Wie aber eine Frau Ehebrecherin ist, obwohl sie einen Mann zu heiraten *scheint*, nämlich dann, wenn ihr erster Mann noch lebt, so heiratet auch ein Mann, der eine Entlassene zu heiraten *scheint*, in Wirklichkeit nicht (wie unser Heiland gesagt hat), sondern begeht Ehebruch.[48]

Origenes, der nicht als Kanonist argumentiert, sieht gleicherweise dennoch den Unterschied zwischen einer scheinbaren Ehe (einer »Verbindung«) und einer wirklichen Ehe. Um ein anderes Beispiel zu zitieren: Auch Basilius von Caesarea unterscheidet die beiden Fälle sehr deutlich: »Die ›Unzucht‹ ist keine Ehe und auch nicht der Beginn einer Ehe […]«[49]

Die Christen, heißt es, folgten einfach den Regelungen des Zivilrechts. Da dieses eine Trennung ohne neue Heirat nicht kannte, musste das auch für die Christen so sein. Folglich muss man jedes Mal, wenn in den antiken Texten von Trennung gesprochen wird, die effektive Trennung des Bandes einschließen, mit der Erlaubnis zu einer weiteren Verbindung. Gegen diese These könnte man unter anderen Zeugnissen zum Beispiel

---

48 Origenes, Co. in Mt., XIV, 24: GCS 10, 344.
49 Basilius, Brief 199 (2. kanonischer Brief), Kanon 26. Man sieht die bedeutenden »Nuancierungen«, die man an dem anbringen muss, was zum Beispiel Cereti schreibt: »Der Begriff der gültigen, erlaubten, ungültigen, unerlaubten Ehe, auf der Basis des kanonischen Rechts, kommt erst viele Jahrhunderte später ans Licht« (S. 162, Anm. 21). Wenn der Ausdruck ungültig in diesen Texten nicht aufscheint, so ist doch der Gedanke präsent.

an die Entscheidung von Papst Callistus erinnern, der die Ehe einer freien Person mit einem Sklaven oder einer Sklavin erlaubt hat, im Gegensatz zu den Regelungen des Zivilrechts.[50] Tatsächlich setzen viele Texte ausdrücklich die christliche Auffassung von der Ehe der Auffassung »der Menschen außerhalb« entgegen. Johannes Chrysostomus schreibt:

> Gib mir nicht Gesetze zu lesen, die von Außenstehenden erlassen wurden, [...] denn Gott wird an jenem Tag nicht nach diesen Gesetzen urteilen, sondern gemäß den Gesetzen, die er selbst erlassen hat.[51]

Zitieren wir noch Gregor von Nazianz:

> Die Scheidung verstößt ganz und gar gegen unsere Gesetze, wenn auch die Römer anders deuten.[52]

Das Gesetz Gottes verbietet also nicht nur die Entlassung: Es schreibt den »Getrennten« vor, »allein zu bleiben«.[53] Die Kirche vertrat den Standpunkt, dass es im Wesentlichen Gott ist, der die Eheleute verbindet. Ihre Verbindung betrifft also nicht, wie für die Römer, einen *widerrufbaren* Vertrag.

Was war nun, Cereti zufolge, *in der Praxis* die Haltung der Kirche in Bezug auf die »Geschiedenen, die wieder geheiratet haben«? Sie erlegte ihnen die Buße wie für eine schwere Schuld auf, ohne sie zu verpflichten, ihre zweite Verbindung zu lösen.[54] Und darüber hinaus konnte der Mann, der eine schuldige Frau entlassen hatte, wieder heiraten, ohne der Buße unterworfen zu sein. In der Praxis der frühen Kirche gab es tatsächlich, aufgrund der matthäischen Klauseln, in dieser Hinsicht keine Gleichheit von Mann und Frau. Halten wir sogleich fest, dass diese Gleichheit dennoch oft vertreten wird: so im Pastor Hermae, von Gregor von Nazianz, Chrysostomus, Theodoret, Zeno von Verona, Ambrosius, Augustinus usw. Damit machten sie sich einfach die ausdrückliche Lehre von 1 Korinther zu eigen.

---

50 Hippolyt, Philosophoumena, IX, 12, 24–25.
51 Chrysostomus, De libello repudii, 1: PG 51, 217–226; 219.
52 Gregor von Nazianz, Epist. 144: PG 37, 248. Vgl. in diesem Sinn auch Justin, Athenagoras, Hieronymus usw.; die Texte sind angeführt bei Crouzel.
53 Vgl. 1 Kor 7,10–11; Röm 7,2–3.
54 »Mit Bezug auf die Trennung – ob verpflichtend oder nicht – von wiederverheirateten Geschiedenen wird man sagen können, dass die Seiten 344 bis 351 des Buches von Cereti voll sind von Argumenten a priori, ohne eine Spur eines historischen Beweises [...]« (H. Crouzel, Les digamoi visés par le Concile de Nicée dans son canon 8, in: Augustinianum 18 [1978], 540, Anm. 35).

Gehen wir jetzt näher auf einen der Hauptpunkte des Buches von Cereti ein:[55] die Interpretation von Kanon 8 des Konzils von Nizäa.

Was die betrifft, die sich »Katharer« (= »Reine«) nennen, [d.h. die Novatianer], so beschloss das heilige und große Konzil, dass ihnen, wenn sie sich der katholischen und apostolischen Kirche anschließen wollen, die Hände aufgelegt werden und sie so im Klerus verbleiben sollen; vor allem aber sollen sie dies schriftlich bekennen, dass sie den Lehren der katholischen und apostolischen Kirche zustimmen und folgen werden: nämlich sowohl mit denen, die zum zweiten Male verheiratet sind (δίγαμοι), als auch mit denen, die in der Verfolgung gefallen waren, Gemeinschaft zu pflegen (κοινωνεῖν).[56]

Cereti zufolge ist das ein klares Zeugnis: Das Konzil von Nizäa schreibt diesen Häretikern vor, die Gemeinschaft mit den δίγαμοι, d.h. mit den »wiederverheirateten Geschiedenen« wiederherzustellen. Aber: Nichts ist weniger gewiss! Von wem spricht der Kanon von Nizäa? Von den »Novatianern«. Was sagten diese? Eine einzige antike Quelle erlaubt uns, das genauer zu bestimmen: eine Stelle aus dem *Panarion* des Epiphanius (haeresis 59):

Was aber die Laien betrifft, ist es möglich, das (= die zweite Ehe) zu dulden wegen ihrer Schwachheit, und denen, die sich nicht mit ihrer ersten Frau begnügen können, zu erlauben, sich nach deren Tod mit einer zweiten zu verbinden. Sicher aber verdient der, der nur eine Frau hatte, mehr Lob und Ehre unter den Mitgliedern der Kirche.

Für das, was folgt, ist es nötig, den griechischen Text vor Augen zu haben, um den Gang der Argumentation zu verstehen. Führen wir die Edition von Holl im Berliner Corpus[57] und die von Petau[58] (die den Text der Handschriften bewahrt) an:

---

55 Cereti betrachtet das, was folgt, als einen zentralen Punkt; vgl. G. Cereti, Prassi della Chiesa primitiva ed assoluzione ai divorziati risposati, in: Rivista di Teologia Morale 3 (1977), 461–473, insbesondere S. 462: »Meine Abhandlung dreht sich eher um einen anderen zentralen Punkt: die Neuinterpretation von Kanon 8 von Nizäa.«

56 Konzil von Nizäa, Kanon 8: Mansi II, 672; Hefele-Leclercq, I, 1, 576; hier nach DH 127.

57 GCS 31, 1922.

58 Paris 1622 (BSB-Digitalisat).

Holl	Petau und Mss	dt. Übers.
τὸν δὲ μὴ δυνηθέντα	ὁ δὲ μὴ δυνηθεὶς	Wer aber sich nicht mit nur einer
τῇ μιᾷ ἀρκεσθῆναι	τῇ μιᾷ ἀρκεσθῆναι	Frau, die gestorben ist, zufrieden
τελευτησάσῃ	τελευτησάσῃ	geben konnte
ἢ		(oder)
ἕνεκέν	ἕνεκέν	der aus
τινος προφάσεως	τινος προφάσεως	dem Grund
ἢ πορνείας	ἢ πορνείας	der Unzucht,
ἢ μοιχείας	ἢ μοιχείας	des Ehebruchs
ἢ ἄλλης αἰτίας	ἢ κακῆς αἰτίας	oder aus einem andern Grund,
χωρισμοῦ γενομένου	χωρισμοῦ γενομένου	nachdem die Trennung stattgefunden hat,
συναφθέντα δευτέρᾳ	συναφθέντα δευτέρᾳ	sich mit einer zweiten Frau verbunden hat
γυναικὶ	γυναικὶ	
ἢ γυναῖκα δευτέρῳ ἀνδρί	ἢ γυνὴ δευτέρῳ ἀνδρί	oder eine Frau mit einem zweiten Mann,
οὐκ αἰτιᾶται	οὐκ αἰτιᾶται	die klagt nicht an
ὁ θεῖος λόγος ...	ὁ θεῖος λόγος ...	das Wort Gotts

Der Autor schreibt das Griechische sehr nachlässig – was die Sache für die Übersetzer und Herausgeber sehr schwierig macht. Tatsächlich enthält die Lesart von Holl drei Korrekturen und eine Hinzufügung zur handschriftlichen Überlieferung. Am Schwersten wiegt die Hinzufügung. Durch die Hinzufügung von ἢ nach τελευτησάσῃ wird der Sinn der Perikope grundlegend verändert. Der Satz sagt jetzt, dass über den Fall eines Witwers oder einer Witwe *hinaus* der Fall dessen hinzukommt, der der großen Gefahr ausgesetzt ist, Unzucht und Ehebruch zu begehen – oder auch (allgemeiner) aus »einem anderen Grund«. Das erweitert die Umstände beträchtlich ... bis dahin, dass der Text des Epiphanius unwahrscheinlich wird. Wenn man die Lesart der Handschriften beibehält – wie es Petau macht und wie man es, nach ihm, auch bei Migne[59] findet –, ergibt sich im Gegensatz dazu ein völlig zufriedenstellender Sinn, und vor allem stimmt er mit dem Kontext überein.

Faktisch betraf der Irrtum der Novatianer folgende Punkte: (1) Weigerung, die Apostaten mittels Buße wieder in die Kirche aufzunehmen; (2) *Verweigerung der Gemeinschaft mit den Getauften, die sich nach der Taufe wieder verheiratet haben.* Epiphanius unterscheidet in dieser Hinsicht den Fall der Kleriker: Ihnen ist nicht erlaubt, sich nach dem Tod ihrer Frau wieder zu verheiraten.

Aber, fügt er hinzu, das ist nicht der Fall bei den Laien. Dann kommt der Text, den wir diskutieren, der letztlich nichts anderes macht, als das wieder aufzunehmen, was Paulus gesagt hat: »Wenn sie sich aber nicht beherr-

---

59 PG 41, 1023–1026.

schen können, sollen sie heiraten. Es ist besser zu heiraten, als zu brennen [...]« (1 Kor 7,8–9).[60] Bei den Zitaten, die Epiphanius dem »göttlichen Wort« entnimmt (... οὐκ αἰτιᾶται ὁ θεῖος λόγος), handelt es sich – das zeigt unser Kontext klar – um 1 Tim 5,14 und 1 Kor 5,1–5 (in 1 Tim 5,14 spricht Paulus von jungen Witwen, in 1 Kor 5,1–5 geht es um eine Ehe, die unter die Verbote von Lev 18,8 fällt, aber nichts erlaubt uns, hier eine Ehe zu sehen, die *zu Lebzeiten seines Vaters* geschlossen wurde).[61] Die Analyse der anderen Stellen desselben Kapitels bezüglich wieder Verheirateter (δίγαμοι) bekräftigt weiter, wenn das nötig wäre, dass Epiphanius an Witwen denkt, und nicht an Geschiedene, die wieder geheiratet haben.[62]

* * *

Es muss an das Argument erinnert werden, das häufig mit Verweis auf den Brauch der Orientalen vorgebracht wird. Es soll hier unter Bezugnahme auf die ausgezeichnete Studie von Luigi Bressan erörtert werden.[63]
Die Orientalen haben das Prinzip der Unauflöslichkeit nie in Zweifel gezogen. Es ist für sie ebenso wie für die Lateiner klar, dass das Eheband *nicht* getrennt werden *darf*. Aber sie haben geglaubt, dass das unglücklicherweise als Folge der Sünde *geschehen kann*. Das ist die Bedeutung, die sie oft den Klauseln des Matthäus geben. Da sie sich allerdings mehr oder weniger an der zivilen Gesetzgebung ausrichten, gleichen sie allmählich eine bestimmte Zahl von Fällen dem Ehebruch oder dem Tod des Gatten an. Mit der Zeit, vor allem ab dem 12. Jahrhundert, wird – trotz der entschlossenen und mutigen Intervention der Patriarchen in verschiedenen Fällen – die Interpretation der Logien des Evangeliums immer großzügiger, die Praxis immer liberaler. Diese Tendenz verstärkt sich in der Mitte des 16. Jahrhunderts. Zu den Gründen für eine Wiederverheiratung, die bis dahin allgemein angenommen waren, wurde

---

60 Cereti weist diese Erklärung zurück, weil er glaubt, χωρισμοῦ γενομένου sei ein technischer Ausdruck, um die Trennung nach der Scheidung auszudrücken, und nicht nach dem Tod. Wir verweisen hier, mit Crouzel, nur auf das Patristic Greek Lexicon von G. W. H. Lampe: »Die erste angeführte Bedeutung ist ›Tod‹, und sie umfasst acht Zeilen; ›Scheidung‹ steht an dritter Stelle und nimmt nicht einmal eine Zeile ein!« (H. Crouzel, Les digamoi visés par le Concile de Nicée dans son canon 8, S. 541, Anm. 42).
61 H. Crouzel, Encore sur le divorce et remariage selon Epiphane, in: Vigiliae Christianae 38 (1984), 271–280.
62 Siehe H. Crouzel, Les digamoi visés par le Concile de Nicée dans son canon 8, S. 541–545. Ders., L'Eglise primitive face au divorce, S. 221–229. P. Nautin hat die Untersuchung Crouzels in Vigiliae Christianae 37 (1983), 157–193, angefochten. Siehe dazu die Replik von Crouzel in Vigiliae Christianae 38 (1984), 271–280.
63 L. Bressan, Il divorzio nelle Chiese Orientali. Ricerca storica sull'atteggiamento cattolico, Bologna 1976.

eine beträchtliche Anzahl hinzugefügt: eine schwere chronische Krankheit, eine starke Unvereinbarkeit der Charaktere, eine ehrenrührige Verurteilung, die Aufgabe des ehelichen Zusammenlebens unter einem Dach für drei Jahre usw. Die heutige Gesetzgebung bewegt sich auf der gleichen Linie, jedenfalls wenn man der Darstellung folgt, die Paul Evdokimov als Gründe für die Annullierung anführt: »der Tod der *Materie* des Sakraments der Liebe mit dem Ehebruch; der *religiöse* Tod mit der Apostasie; der *zivile* Tod mit der ehrenrührigen Verurteilung; der *physische* Tod mit der *Abwesenheit*«.[64]

Im Lauf der ersten Jahrhunderte gab es zwischen den beiden Kirchen über dieses Thema keine Diskussion: Die Praxis war dieselbe. Die Unterschiede blieben lange unbemerkt, auch im Laufe der Polemiken, die Griechen und Lateiner entzweiten, sowohl vor als auch nach dem Schisma des Photius. Das kann zweierlei bedeuten: dass es wenige oder keine Divergenzen gegeben hat oder dass sie noch wenig erkannt waren. Die Kontroversen beginnen richtig erst ab dem 12. Jahrhundert. Die lateinischen Theologen und Kanonisten bezeichnen die Praxis der Griechen immer mehr als einen Missbrauch, aber ohne von Häresie zu sprechen oder ihren Brauch als ein relevantes Hindernis für die Einheit der Kirchen zu betrachten. Einige wären auch zu »Toleranz« bereit gewesen – ausgehend davon, dass es sich im Grunde nur um eine Frage der Kirchendisziplin handle. Das Lehramt hat allerdings oft und klar dargelegt, die Sichtweise und Praxis der Orientalen nicht anzunehmen, indem es insbesondere in den Glaubensbekenntnissen, die den Kirchen, die die Gemeinschaft mit Rom wiederherstellen wollten, vorgelegt wurden, eine vollständige Unterwerfung verlangte. Tatsächlich haben vor 1500 in den Gemeinden des orientalischen Ritus hinsichtlich der Scheidung nur Honorius III. (1228 und 1222) und Clemens VI. (1350?) ausdrücklich interveniert. Manches Stillschweigen ist doch überraschend. Innozenz III., der sich jedem Kompromiss hinsichtlich der Unauflöslichkeit widersetzt, erwähnt in einem 1215 an die Maroniten gerichteten Brief in Bezug auf die »orientalischen Bräuche« in keiner Weise die Gesetzgebung über die Scheidung. Auch Innozenz IV. spricht 1254 in einer an die Griechen von Zypern gerichteten Liste von »Riten«, die zu korrigieren sind, nicht davon, obwohl die Frage der Erlaubtheit der Ehe nach dem Tod des Gatten behandelt wird. Nach 1500 sind die päpstlichen Interventionen viel zahlreicher. Die bedeutendste ist die *Perbrevis Instructio super aliquibus ritibus Graecorum*, 1596, von Clemens VIII., gerichtet an die Bischöfe, die in ihren Diözesen Gläubige des griechischen Ritus haben:

---

64 P. Evdokimov, Le Sacrement de l'amour, Paris 1962, S. 256. Siehe auch die Bibliografie von D. Stiernon zum aktuellen Stand der Frage in: Lateranum 42 (1976), 290–312.

Matrimonia inter conjuges Graecos dirimi, seu divortia quoad vinculum fieri nullo modo permittant, aut patiantur, et si qua de facto processerunt, nulla, et irrita declarent.[65]

Es sind vor allem die römischen Kongregationen (Propaganda und Heiliges Officium) die in dieser Sache zu intervenieren aufgerufen sind. Hingewiesen sei auf den ausführlichen Bericht von Luigi Bressan zur Instruktion *Difficile dictu* (1850) und zum Breve *Verbis exprimere* (1859) hinsichtlich der Frage in der Kirche von Rumänien (1856–1872).[66] Der Papst erinnert an die Pflicht, die Gläubigen den sehr strikten Charakter der Unauflöslichkeit der Ehe, die *ratum et consummatum* ist, zu lehren, und präzisiert hinsichtlich der ihm vorgelegten Frage:

[...] Pro vestra sapientia probe intelligitis, Venerabiles Fratres, in tanti momenti re omnes cujusque generis difficultates, si forte obiiciantur, esse omnino in omni patientia et doctrina vincendas, cum agatur de catholica veritate divinitus revelata quam omnes catholicae filii firmiter profiteri ac servare tenentur.[67]

Bressan hat keine weiteren expliziten päpstlichen Interventionen nach Pius IX. ermittelt.[68] Tatsächlich könnte man noch einen Abschnitt aus der Enzyklika *Arcanum* von Leo XIII. anführen.

III. Fälle der »Nachsicht«

Nach all dem, was vorhin gesagt wurde, sollte man nicht glauben, dass die Akte der »wiederverheirateten Geschiedenen« letztendlich keine unklaren oder unsicheren Stellen aufweist.[69] Als Papst Leo d. Große gebeten wurde, den bewegenden Fall eines Kriegsgefangenen zu lösen, der nach langer Zeit zurückgekehrt war und seine Frau verheiratet vorfand, sagte er Folgendes:

Quod si in mancipiis vel in agris aut etiam in domibus ac possessionibus rite servatur, quanto magis in conjugiorum redintegratione faciendum est,

---

65 Fontes CIC 179: I, 345, zit. Bressan, S. 80.
66 Vgl. L. Bressan, Il divorzio nelle Chiese Orientali, S. 197–218.
67 Fontes CIC 526: II, 929–930.
68 »Der letzte päpstliche Text, der sich explizit auf die Scheidung bei den Orientalen bezieht, scheint auf Pius IX. zurückzugehen«: a.a.O., S. 295.
69 Zum Folgenden vgl. G. Pelland, Le canon tridentin concernant le divorce, A propos d'un ouvrage récent, in: Science et Esprit 26 (1974), 365–373. L. Bressan, Il canone tridentino sul divorzio per adulterio e l'interpretazione degli autori.

ut quod bellica necessitate turbatum est, pacis remedio reformetur? Et
ideo si viri post lungam captivitatem reversi ita in dilectione suarum con-
jugum perseverent, ut eas cupiant in suum redire consortium [...] resti-
tuendum (est), quod fides poscit.[70]

Der Papst räumt demzufolge ein, dass der erste Gatte dann freiwillig zur
Seite treten und auf seine Rechte verzichten kann. Man muss zugeben,
dass der Gewissensfall schwierig war. Man muss auch sehen, dass Papst
Leo viel weiter gegangen ist, als es die aktuelle Gesetzgebung zugestan-
den hätte. Crouzel bemerkt dazu, seine Antwort »zeugt von dem Willen, nicht auf eine zu enge Weise auf alle Konsequenzen der Lehre zu
drängen«.[71]
Für das hohe Mittelalter ist die Aufgabe nicht leichter gewesen, einerseits, weil die zivilen Gesetze die Scheidung in viel breiterem Maß zugelassen haben, auch durch einfachen wechselseitigen Konsens; andererseits, weil viele grundsätzliche Punkte der Gesetzgebung im Bereich
dessen, was die Bestimmung des Punktes der »Nicht-Rückkehr« in die
Gemeinschaft der Gatten betrifft, noch nicht festgelegt waren. Wie allgemein bekannt ist, hat sich die Lehre der absoluten Unauflöslichkeit
durch den Tatbestand des »ratum et consummatum« erst nach langen
Debatten durchgesetzt. Es war gar nicht möglich, dass die Hirten durch
das Dilemma, in dem sie sich befanden, nicht in Verlegenheit gerieten:
Es war unmöglich, die Schrift und die christliche Überlieferung zu ignorieren, indem man die Entlassung und die zweite Heirat genehmigte;
unmöglich war auch, in der Praxis, nur die Entlassung zu erlauben, ohne
die Gatten in ein Leben in Sünde hineinzudrängen; unmöglich schließlich, den unschuldigen Mann zu zwingen, mit der sündigen Frau zu leben und die Gebote der Schrift (und ebenso die des Zivilgesetzes!) zu
ignorieren.
Fast immer rufen die Konzilien oder Synoden nachdrücklich das evan-
gelische Gesetz in Erinnerung und legen den Gesetzesbrechern die
schwersten Strafen auf. Einige erscheinen liberaler, so insbesondere die
Synoden von Verberie (735?) und von Compiègne (757). In Verberie lässt
man ausdrücklich die zweite Ehe des Mannes zu, dessen Frau ihn zu tö-
ten versucht hat. Man lässt sie auch zu, wenn einer der Gatten in Skla-
verei geraten ist, und auch für den Fall, dass der Gatte gezwungen wurde,
das Gebiet, in dem er lebte, für immer zu verlassen, wenn die Frau nicht
einwilligt, ihm zu folgen. In Compiègne wird dem Mann oder der Frau

---

70 Leo d. Große, Brief 159 an Nicetas von Aquileia: PL 54, 1136–1139; hier nach DH
    311–316: Brief »Regressus ad nos« an Bischof Nicetas von Aquileja, 21. März 458,
    312–313.
71 H. Crouzel, L'Eglise primitive face au divorce, S. 373.

die zweite Ehe erlaubt, die dem Gatten den Eintritt in ein Kloster gestattet haben; sie wird auch erlaubt, wenn einer der Gatten an Lepra erkrankt, vorausgesetzt allerdings, dass der Erkrankte zustimmt. Diese beiden Konzilien repräsentieren nicht die allgemeine Meinung in der Kirche der damaligen Zeit. Man muss sich auch fragen, welches genau die Autorität der Kanones ist, die dort erlassen wurden. In den beiden Fällen hat es den Anschein, dass der Klerus von der Mehrheit der Laien, die das Kirchenrecht so weit wie möglich dem Zivilrecht angleichen wollten, zu großen Konzessionen gezwungen wurde. Überschreiten die Einigungen, die erreicht wurden, wirklich das Statut der königlichen Kapitularien? Im Fall von Verberie hat man sich auch gefragt, ob es sich um mehr handelt als um den einfachen Entwurf eines Klerikers im Blick auf das Konzil von Compiègne! … Kanon 18 ist übrigens begleitet von einem vielsagenden Zusatz: »hoc Ecclesia non recipit«. Das heißt doch, dass man diesen Texten, die so offensichtlich zu vielen anderen im Widerspruch stehen, kein großes Gewicht beimessen kann. Eine Erklärung von Papst Gregor II. muss eigens behandelt werden.[72] In einem Brief an den hl. Bonifatius von 726 erörtert der Papst den Fall einer Frau, die wegen körperlicher Schwäche ihrem Gatten gegenüber nicht »die eheliche Pflicht« leisten konnte. Prinzipiell, sagt er, muss der Gatte seine Frau behalten. Aber das erfordert von ihm einen gewissen Heroismus, und:

ille qui se non potuerit continere, nubat magis: non tamen ei subsidii opem subtrahat quam infirmitas praepedit, non detestabilis culpa excludit.[73]

Dieses Urteil begegnet dann im *Decretum* und in der *Panormia* des Ivo von Chartres und auch bei Gratian. Es ist verständlich, dass es den späteren Kanonisten Schwierigkeiten bereitet hat. In Wirklichkeit kennt man die Details dieser Geschichte nur schlecht. Handelt es sich um einen Fall der Toleranz analog zu dem Fall des zurückgekehrten Gefangenen bei Papst Leo, oder einfacher um eine »impotentia antecedens« der Frau? Für gewöhnlich wird die Sache so verstanden, dass es sich um einen Fall der Toleranz handelt. Das ist die Meinung von Gratian, der die Sache streng als »illud Gregorii sacris canonibus, immo evangelicae et apostolicae doctrinae penitus adversum« beurteilt. Wie dem auch sei, Gregor hat in anderen Fällen keinen Zweifel an der Lehre der strikten Unauflöslichkeit gelassen – und das drängt uns sicher nicht dazu, ihn in dieser Sache für »liberal« zu halten. Es ist angebracht auch an die Haltung zu

---

72 Der Fall wurde auf dem Konzil von Trient erörtert: CT IX, 420.
73 Mon. Germ. Hist., Epist. III, 276. Man beachte die genau entgegengesetzte Meinung von Papst Stephan II.: Responsa Stephani Papae II, 2: PL 89, 1024.

erinnern, die, einige Jahre danach, der hl. Bonifatius einnehmen wird. Man könnte denken, hierin eine Art Kommentar zu der Antwort zu sehen, die er aus Rom erhalten hat:

Admoneat etiam unusquisque presbyterorum publice plebem […] legitimum conjugium nequaquam posse ulla occasione *separari*, excepta causa fornicationis, nisi cum consensu amborum et hoc propter servitium Dei.[74]

Das *Decretum Gratiani* bezieht sich auf einen anderen Fall der »Toleranz«, dieses Mal vonseiten des Papstes Zacharias (um 750). Ein Mann hatte sexuelle Beziehungen mit seiner Schwägerin gehabt. Die beiden Schuldigen sehen sich für immer der ehelichen Beziehungen entzogen und verurteilt, bis zu ihrem Tod Buße zu tun. Die schuldlose Frau kann, wenn sie das will, heiraten, wen sie will. Die Authentizität dieses Textes ist nicht über jeden Verdacht erhaben. Papst Zacharias war nämlich bei verschiedenen Gelegenheiten in der Frage der Unauflöslichkeit sehr standfest. Der Text scheint in Wirklichkeit aus einem Poenitenziale zu stammen, der in das *Decretum* Burchards eingefügt wurde und von da schließlich zu Gratian gelangte.

Das Konzil von Tribur, am Ende des folgenden Jahrhunderts (895), war in gewisser Weise ein Nationalkonzil in Deutschland. Die dort getroffenen Entscheidungen haben aber partikuläre Bedeutung. Unter anderen Angelegenheiten geht es um den Fall einer Frau, die mit ihrem Schwager Ehebruch begangen hat, während ihr Mann krank war. Man zeigt sich zunächst sehr streng. Der Kanon 41 untersagt ihr jegliches eheliches Leben sowohl mit ihrem legitimen Gatten als mit ihrem Schwager. Selbstverständlich muss solche Strenge »in der Mehrheit der Fälle«(!) große praktische Schwierigkeiten machen … Also wird mit Besonnenheit hinzugefügt …:

Quia vero humana fragilitas proclivis est ad labendum, aliquo modo muniatur ad standum. Idcirco episcopus, considerata mentis eorum imbecillitate, post paenitentiam sua institutione peractam, si se continere non possint, *legitimo* consoletur matrimonio, ne dum sperantur ad alta sublevari, corruant in coenum.[75]

Der so redigierte Text sagt einfach, dass die Frau, trotz ihrer Sünde, zu ihrem Gatten zurückkehren kann (*legitimo consoletur matrimonio*).

---

74 Statuta quaedam sancti Bonifacii … in concilio Leptinensi promulgata, XXXV: PL 89, 823. Vgl. A. Villien, Art. Divorce, in: DTC IV/2, Sp. 1467.
75 Concilium Triburiense, can. XLI: Mansi XVIII, 152–153. J. Hefele, Histoire des Conciles, IV, 703.

Regino von Prüm hat uns das Dekret in einer kürzeren Fassung überliefert:

[...] considerata autem imbecillitate, misericordia eis impertiatur ad conjugium, tantum in Domino [...].[76]

Der Sinn der *lectio brevior* ist vielleicht weniger unmittelbar klar. Es dürfte der Analyse schwerfallen, sie etwas anderes aussagen zu lassen als das, was der lange Text sagt. Einige haben dennoch geglaubt, hier die Erlaubnis für eine zweite Ehe der ehebrecherischen Frau mit ihrem Schwager zu sehen. Diese vom Decretum Gratiani weitergegebene Überlieferung wird noch auf dem Konzil von Trient ein Echo finden.
Man hätte mit Gewinn auf die Synodentexte zurückgreifen können (hat es aber nicht getan), die sich näherhin von der Formulierung Matthäus 19,9 haben anregen lassen und folglich für diese Zweideutigkeit Raum gelassen haben:

Similiter constituimus ut nullus laicus homo, Deo sacratam feminam ad mulierem habeat, nec suam parentem, nec marito vivente suam mulierem alius accipiat, nec mulier vivente suo viro alium accipiat: quia maritus mulierem suam non debet dimittere, excepta causa fornicationis depraehensa. Nulli liceat excepta causa fornicationis adhibitam uxorem relinquere, et deinde aliam copulare: alioquin transgressorem priori convenit conjugio. Ut illi qui uxores legitimas sine culpa fornicationis dimittunt, alias non accipiant illis viventibus, nec uxores viros, sed sibimet reconcilientur.[77]

Bedeutet das vielleicht, dass die neue Ehe erlaubt wird, wenn einer der Gatten Ehebruch begangen hat? Die Frage ist, recht verstanden, ob die Bedingung auf die Entlassung der schuldigen Gatten zutrifft. Das ist zumindest der Sinn, den die Satzkonstruktion in den drei Fällen nahelegt. Ein vierter Fall stellt das gleiche Problem:

Quicumque [...] suam uxorem sine judicio episcopali dimittens, aliam duxit vel duxerit: donec se fructuose tradat poenitentiae, a corpore et sanguine Domini [...] se exclusum [...] agnoscat.[78]

Die Sentenz des Bischofs hätte also die Wirkung, eine neue Ehe zu erlauben? Sie gibt eher Anlass zu glauben, dass der Kanon auf die Verpflichtung verweist, seine Erlaubnis einzuholen, bevor eine legitime Ent-

---

76 Libri duo de synodalibus causis et disciplinis ecclesiasticis II, c. CCXLVI.
77 Concilium Bituricense (1031), c. 16: Mansi XIX, 505.
78 Concilium Turonense (1060), c. 9: Mansi XIX, 928.

lassung erfolgen kann – und genau das bekräftigt die Großzahl der Dekrete der Zeit, die in diesen oder in vergleichbaren Umständen unmissverständlich die neue Ehe ausschließen.

Wir haben die Bußbücher beiseitegelassen. Ihre Autorität ist meistens gering (jedenfalls wenn sie das Werk nur von Einzelnen waren), die Unstimmigkeiten in Bezug auf die geltende Disziplin sind offensichtlich, die »Tarife« widersprüchlich. Besonders die Art, die Ehe zu regulieren, passt sich hinsichtlich der Unauflöslichkeit zahlreichen Ausnahmen an. Der karolingischen Reform gelang es nicht, diese Sammlungen auszuschalten. Sie tragen so zu den großen Canones-Sammlungen – wie den *Libri de synodalibus causis* des Regino von Prüm – eine große Anzahl von Texten bei. Auf diese Weise üben sie auf lange Sicht einen beträchtlichen Einfluss aus, auch dort, wo die Unauflöslichkeit ausdrücklich behauptet wird.[79] Das ist der Fall beim *Decretum* des Burchard von Worms, der bei der Gelegenheit einen Text in der Weise korrigiert, dass er die Erlaubnis einer zweiten Ehe in Übereinstimmung mit seinen prinzipiellen Erklärungen beseitigt, sich aber in vielen anderen Situationen nachsichtig zeigt. So etwa wird, wenn ein Schwiegervater schuldhafte Beziehungen mit seiner Schwiegertochter hat oder wenn ein Schwiegersohn mit seiner Schwiegermutter Ehebruch begeht, dem betroffenen Gatten die zweite Hochzeit erlaubt, »si se continere non potest«. Das Gleiche gilt für die Frau, deren Mann mit ihrer Schwester Ehebruch begangen hat oder von ihrem Mann zum Ehebruch gezwungen worden ist. Obwohl das geringe Gewicht dieser Texte in sich selbst betrachtet erkennbar ist, bezeugen sie gleichwohl *eine Praxis*: Neben einer offiziellen Disziplin – der Päpste und fast aller Synoden – wurde in vielen Situationen eine viel liberalere »Rechtsprechung« geübt. Zur Zeit der Reform Gregors VII. hat man systematisch die Beseitigung dieser »Freiheiten« in Angriff genommen. Gut zu sehen ist das, wenn man die Reihe der Sammlungen durchgeht, die ein Jahrhundert später in das *Decretum Gratiani* münden sollten. Am Ende dieser Reformbewegung fanden die Väter und die Theologen des Konzils von Trient eine feste Disziplin vor, gestützt auf solide Argumente der Tradition. Allerdings beeindrucken auch hier einige bedeutende Ausnahmen: solche zum Beispiel, die Gratian erwähnt, aber auch solche, die in bestimmten Anklagereden wie der des Erasmus genannt werden. Vor

---

79 J. Gaudement nennt den Fall *De Synodalibus Causis* des Regino von Prüm (Anfang des 10. Jh.), der, ohne eine Option, zwei Reihen von Dokumenten der Zeit mit unterschiedlichen Tendenzen wiedergibt: II cap. 101–106 erlauben nach der Entlassung des Gatten keine neue Hochzeit, im Gegensatz zu cap. 118, 119 und 124, die der Synode von Verberie entnommen sind. J. Gaudement, Le lien matrimonial. Incertitudes du Haut Moyen Age, in: Le lien matrimonial. Colloque du Cerdic, Straßburg 1970, S. 104. Siehe auch P. Fournier, L'oeuvre canonique de Réginon de Prüm, in: Bibl. de l'Ecole des Chartes 81 (1920), 5–29.

allem der »Inopportunität« einer formellen Verurteilung des Brauchs der Griechen Rechnung tragend, nimmt das Konzil den Text eines Kanons an, der direkt nur die Reformatoren trifft:

> Si quis dixerit Ecclesiam errare cum docuit et docet, juxta evangelicam et apostolicam doctrinam, propter adulterium alterius conjugum matrimonii vinculum non posse dissolvi, et utrumque, vel etiam innocentem, qui causam adulterio non dedit, non posse, altero conjuge vivente, aliud matrimonium contrahere maecharique eum qui, dimissa adultera, aliam duxerit et eam quae, dimisso adultero, alii nupserit, a.s.[80]

SCHLUSS

Die Schlussfolgerungen aus dieser Studie können in folgenden Aussagen zusammengefasst werden.

1. Die frühe Kirche hat das Prinzip der Unauflöslichkeit der Ehe, das sie klar im Neuen Testament ausgesprochen fand, nie in Zweifel gezogen.

2. Es werden oft bestimmte Texte angeführt, die Ausnahmen vom Prinzip der Unauflöslichkeit zuzulassen scheinen. In fast allen Fällen handelt es sich um Stellen, die sich auf die eine oder andere Weise auf die matthäische Version des Logions Jesu beziehen. Es überrascht nicht, dass man dort wieder auf die Zweideutigkeit der Klauseln trifft. Andererseits deutet nichts darauf hin, dass die antiken Autoren damit die Strenge des Prinzips abschwächen und eine gewisse Flexibilität in seiner Anwendung einführen wollten. Sie wollten nur möglichst nahe an dem bleiben, was sie in den Evangelien lasen. In jedem Fall muss jedes Element des Dossiers aufmerksam in seinem Inhalt und in seinem Kontext geprüft werden. Aus der Analyse kann man ersehen, dass man es nicht eilig haben sollte, daraus für den Mann einer ehebrecherischen Frau die Genehmigung zu einer zweiten Ehe zu folgern.

3. Es gibt bestimmte (extreme!) Fälle von »nachsichtigen« Entscheidungen (zum Beispiel die »Nachsicht« von Papst Leo für den Gefangenen, der für tot gehalten wurde und nach langen Jahren zurückkommt). Welche Schlüsse müssen gezogen werden, oder, besser noch, nach welchen Kriterien kann unterschieden werden zwischen dem, was die im eigentlichen Sinn christliche Tradition kennzeichnet, und dem, was sich aus der objektiven Schwierigkeit ergibt, das christliche Geheimnis in seinen Anwendungen auf so außergewöhnliche Kontexte zu verstehen?

---

80 DH 1807. Zu diesem tridentinischen Kanon siehe vor allem L. Bressan, Il Canone tridentino sul divorzio per adulterio e l'interpretazione degli autori, Rom 1973.

4. Man kann eine große Zahl von Zeugnissen anführen, die in der Frage der Scheidung die Gleichheit der Geschlechter vertreten. Sie sind der Lehre des Neuen Testaments treu geblieben. Viele haben lebhaft dem römischen Recht die Ungleichheit seiner Urteile zu Lasten der Frau vorgeworfen.

5. Viele alte Texte bleiben schwierig zu interpretieren. Man hat manchmal eine »implizite« Zulassung der Scheidung gesehen – im Besonderen auf der Basis einer Argumentation *ex silentio*. Wo es möglich ist, muss man das in Rechnung stellen, was der Autor anderswo in expliziter Weise erklärt hat.

6. Angesichts der wiederholten Erklärungen der Väter ist es sehr schwierig zu vertreten, dass die Mentalität, die das römische Recht inspiriert hat, eine Rechtsvermutung für Akzeptanz der neuen Ehe getrennter Christen vonseiten der Kirche darstelle.

7. Viele neuzeitliche Autoren meinen, dass es für die Frau in den konkreten gesellschaftlichen Umständen unmöglich gewesen wäre, sich nicht wieder zu verheiraten. Ihnen zufolge würde das eine Vermutung zu Gunsten der neuen Ehe zulassen. Das ist aber eine anachronistische Sichtweise. Die frühe Kirche war faktisch hinsichtlich bestimmter schwerer Sünden extrem streng – von einer Strenge, die uns heute übertrieben erscheinen könnte. Um nur ein Beispiel anzuführen: Manchmal ist Verheirateten, *die zusammenlebten*, für lange Zeiträume völlige Enthaltsamkeit auferlegt worden.[81]

8. Die These, wonach die frühe Kirche sich oft darauf beschränkt habe, Geschiedenen, die wieder geheiratet haben, die Buße wie für eine schwere Schuld aufzuerlegen, ohne sie aber zu verpflichten, ihre zweite »Verbindung« zu lösen, stützt sich auf sehr anfechtbare Argumente. Sie kann nicht akzeptiert werden.

---

81 Siehe den Anhang bei H. Crouzel, L'Eglise primitive face au divorce, pp. 385–389.

Bibliografische Notiz

EINLEITUNG

Bei diesem Text handelt es sich um die hier erstmals veröffentlichte deutsche Fassung der Einleitung, die der italienischen Veröffentlichung von 1998 zu Grunde lag.

Teil III dieser Einleitung wurde veröffentlicht in L'Osservatore Romano vom 29./30. Nov. 2011: Joseph Kardinal Ratzinger, Zu einigen Einwänden gegen die kirchliche Lehre über den Kommunionempfang von wiederverheirateten geschiedenen Gläubigen; siehe jetzt: http://www.vatican.va/roman_curia/congregations/cfaith/documents/rc_con_cfaith_doc_19980101_ratzinger-comm-di vorced_ge.html
Die redaktionellen Anmerkungen, die der Teilveröffentlichung von 2011 beigefügt wurden, sind hier nicht aufgenommen. Es handelt sich im ersten Fall um einen Hinweis auf Familiaris consortio 84 und bei der zweiten Anmerkung um einen Ausschnitt einer Ansprache Papst Benedikts XVI., die er am 25. Juli 2005 bei einer Begegnung mit dem Klerus der Diözese Aosta gehalten hat. Er geht darin auf den Zusammenhang von Glaube und Sakrament im Blick auf das Ehesakrament ein. Diese Ansprache von Benedikt XVI. ist im vollen Wortlaut veröffentlicht auf: http://www.vatican.va/holy_father/benedict_xvi/speeches/2005/july/documents/hf_ben-xvi_spe_20050725_diocesi-aosta_ge.html.

DOKUMENTE

Schreiben der Kongregation für die Glaubenslehre an die Bischöfe der katholischen Kirche über den Kommunionempfang von wiederverheirateten geschiedenen Gläubigen vom 14. September 1994:
Lateinisch in: Acta Apostolicae Sedis 86 (1994), 974–979
Deutsch nach: http://www.vatican.va/roman_curia/congregations/cfaith/documents/rc_con_cfaith_doc_14091994_rec-holy-comm-by-divorced_ge.html.

Johannes Paul II., Apostolisches Schreiben Familiaris consortio, Nr. 84, vom 22.11.1981:
Lateinisch in: Acta Apostolicae Sedis 74 (1982), 184–186
Deutsch nach: http://www.vatican.va/holy_father/john_paul_ii/apost_exhortations/documents/hf_jp-ii_exh_19811122_familiaris-consortio_ge.html.

Johannes Paul II., Ansprache vor der Vollversammlung des Päpstlichen Rates für die Familie am 24. Januar 1997:
Italienisch in: L'Osservatore Romano vom 25. Januar 1997
Deutsch nach: Der Apostolische Stuhl 1997. Ansprachen, Predigten und Botschaften des Papstes, Erklärungen der Kongregationen, Vatikanstadt – Köln 2005, 482–485.

VORWORT, KOMMENTARE UND STUDIEN

Das Vorwort und die Kommentare und Studien
- Dionigi Tettamanzi, Fedeltà nella verità
- Mario Francesco Pompedda, Problematiche canonistiche
- Angel Rodríguez Luño, L'epicheia nella cura pastorale dei fedeli divorziati risposati
- Piero Giorgio Marcuzzi SDB, Applicazione di „aequitas et epikeia" ai contenuti della lettera della Congregazione per la Dottrina della Fede del 14 settembre 1994
- Gilles Pelland SJ, La pratica della chiesa antica relativa ai fedeli divorziati risposati (basierend auf: Gilles Pelland, Le dossier patristique relatif au divorce, in: Science et Esprit 24 (1972), 285–312; 25 (1973), 99–119)
wurden für diesen Band aus dem Italienischen übersetzt von Karl Pichler.

DIE AUTOREN DER KOMMENTARE UND STUDIEN

- Piero Giorgio Marcuzzi SDB, 1934–2003, war Dekan der Fakultät für Kirchenrecht an der Università Pontificia Salesiana, Rom.
- Gilles Pelland SJ, geb. 1931 in Kanada, war Professor an der Università Pontificia Gregoriana, Rom; von 1986–1992 war er Rektor der Gregoriana.
- Mario Francesco Pompedda, 1929–2006, war Dekan der Rota Romana und von 1999–2004 Präfekt des Obersten Gerichtshofs der Apostolischen Signatur; er wurde 2001 in den Kardinalsstand erhoben.
- Angel Rodríguez Luño, geb. 1951, ist Professor an der Theologischen Fakultät der Università della Santa Croce, Rom, und ordentl. Mitglied der Pontificia Academia pro Vita.
- Dionigi Tettamanzi, geb. 1934, war Generalsekretär der Italienischen Bischofskonferenz, ab 1995 Erzbischof von Genua, von 2002–2011 Erzbischof von Mailand; er wurde 1998 in den Kardinalsstand erhoben.